임동석중국사상100

대학

大學

朱熹 集註 / 林東錫 譯註

"상아, 물소 뿔, 진주, 옥. 진괴한 이런 물건들은 사람의 이목은 즐겁게 하지만 쓰임에는 적절하지 않다. 그런가 하면 금석이나 초목, 실, 삼베, 오곡, 육재는 쓰임에는 적절하나 이를 사용하면 닳아지고 취하면 고갈된다. 그렇다면 사람의 이목을 즐겁게 하면서 이를 사용하기에도 적절하며, 써도 닳지 아니하고 취하여도 고갈되지 않고, 똑똑한 자나 불초한 자라도 그를 통해 얻는 바가 각기 그 자신의 재능에 따라주고, 어진 사람이나 지혜로운 사람이나 그를 통해 보는 바가 각기 그 자신의 분수에 따라주되 무엇이든지 구하여 얻지 못할 것이 없는 것은 오직 책뿐이로다!"

《소동파전집》(34) 〈이씨산방장서기〉에서 구당(丘堂) 여원구(呂元九) 선생의 글씨

책 머 리 에

〈대학〉은 〈중용〉과 함께 원래《예기禮記》제31과 42에 실려 있는 한 편씩의 독립된 문장이다. 따라서 원래부터 낱권의 독립된 책으로 전해 오던 것은 아니었다. 《예기》는 고대 오경五經 중의《예禮》였으며, 한대漢代에 이르러 소위 「삼례三禮」라 하여《주례周禮》,《의례儀禮》,《예기》로 분화되었고, 송대 이후 모두 십삼경十三經에 열입되었다. 그 중《예기》는 체계를 갖추지 아니한 채, 학술·예속禮俗 등 잡다한 내용을 모은 것으로 공문 70제자들과 그 후학들이 기록한 것을 모은 것이라 보고 있다.《예기》는《소대례기小戴禮記》와《대대례기大戴禮記》가 있으며, 오늘날 우리가 말하는《예기》49편은 바로《소대례기》를 가리킨다. 즉 대덕戴德, 大戴이라는 사람이 고례古禮 204편을 85편으로 줄인 것이《대대례기》이며, 대성戴聖, 小戴이 달리 이를 49편으로 줄인 것이 《소대례기》, 즉 지금의《예기》이다. 따라서 〈중용〉과 〈대학〉은 소성(소대)이 정리하여 전수한 것이다.

이를 남송 주희朱熹(1130~1200)가 그 두 편을 뽑아《논어》,《맹자》와 묶어 '사서四書'라 하면서 장구집주章句集注를 지어 편정編定함으로써 세상에 널리 중시를 받게 되었다. 그 후 이 사서는 사림士林의 필독서가 되었으며, 송대 이후 원·명·청을 거치면서 과거 과목으로 채택되었고, 지금도 경학입문의 가장 중요한 위치를 차지하고 있다. 특히 〈중용〉은 성性을, 〈대학〉은 심心을 다룬 것으로서 당대唐代 이후 송대 이르러 성리학性理學의 대두와 함께 가장 적합한 연구 교재로 「용학庸學」이라 불리며 그 자리를 접게 된 것이다.

〈중용〉은 자사子思(孔伋, 공자의 아들 孔鯉의 아들. 즉 공자의 손자)가 지은 것으로 보고 있다.《사기》공자세가와 정현鄭玄의 〈목록目錄〉, 그리고 공영달孔穎達의 《예기정의禮記正義》에 모두 이를 인정하여 이의를 달지 않았다.

〈중용〉은 공문孔門의 최고 경지인 인생철학서이다. 성誠·도道·교教 세 가지를 근본으로 하고 있으며, 이에 성을 바탕으로 천하 대본大本을 세우는 것을 중中, 천하 달도達道를 실행하는 것을 화和로 하여 '치중화致中和'의 경지에 이르러야 한다는 것이다. 이에 "성이란 하늘의 도이다. 그러나 이를 정성스럽게 실천해야 하는 것은 사람의 도이다"(誠者, 天之道也. 誠之者, 人之道也. 20장)라 갈파한 것이다.

이에 주자朱子는 문장 전체를 다시 33장으로 세분하여 천명天命·솔성率性· 수도修道 등의 문제를 장章과 구句로 나누어 각각의 주석을 모으고 자신의 의견을 가미하여 풀이한 것이다.

〈대학〉은 증자曾子와 그 문인, 혹은 자사(공급)가 지었다는 두 가지 설이 있으며 지금도 확정되지는 않았다.

내용은 유가의 가장 뛰어난 정치철학을 담은 것으로 흔히 「삼강령三綱領」과 「팔조목八條目」, 「본말종시本末終始」로 나눌 수 있다. 「삼강령」은 '明明德'(명덕을 밝힘)·'親(新)民'(백성을 친히(새롭게) 함)·'止於至善'(지극한 선을 최고의 경지로 여김)이며, 「팔조목」은 '격물格物·치지致知·성의誠意·정심正心·수신修身·제가齊家·치국 治國·평천하平天下'의 8가지 순서와 덕목이다. 그리고 「본말종시」란 사람을 일깨우는 순서이며, 동시에 자신의 구학求學의 단계로써 "物有本末, 事有終始" (만물의 본말이 있고 만사는 끝과 시작이 있음)를 말한 것이다.

주자는 이에 《예기》 속의 이 문장에 대하여 순서를 바로잡고 그 내용에 맞추어 「경經」 1장(삼강령, 팔조목 및 사유본말의 총론으로 공자의 말이라 보았음)을 앞에 제시하고 이어서 그 하위 개념을 10가지로 나누어 「전傳」(증자의 뜻이며 그 문인이 기록한 말로 보았음)으로 풀이하였다. 따라서 《예기》 속의 〈대학〉과는 그 문장 순서가 다르다.

당연히 우리나라에서도 이는 한학漢學의 기본이며 모든 학습의 주된 교재였고, 조선시대 과거시험의 필수 과목이었다. 그리고 언필칭 우리는 '수신제가'를 입에 올리고 있다. 그만큼 수양서로서, 그리고 한학 학습서로서의 가치를 인정받아 왔으며, 어느 집이나 이를 소장하고 읽고 외워 왔다.

이에 이 두 문장을 하나로 묶어 주자의 집주를 근거로 정리하여 일찍이 이 책으로 내게 되었으며, 지금 전체 동양고전 완역총서에 다시 수정판을 묶어 내게 되었다.

무엇보다 눈으로 읽을 책이 아니라 마음으로 이를 터득하도록 요구하는 내용이다. 그 때문에 "마음이 거기에 있지 아니하면 보아도 보이지 아니하고, 들어도 들리지 아니하며, 먹어도 그 맛을 알지 못한다"(心不在焉: 視而不見, 聽而不聞, 食而不知其味. 7장)라 하였던 것이다.

이제 마음으로 이를 읽어 보자. 그리고 나의 삶을 풍부히 할 자료로 이를 늘 곁에 두고 열어 보자.

줄포 임동석이 취벽헌翠碧軒에서 수정판을 내면서 간단히 적음.

일러두기

1. 이 〈대학〉은 주희朱熹의 〈사서집주四書集註〉 전체의 원문原文과 집주문集註文을 빠짐없이 현대식으로 역주譯註한 것이다.

2. 대체로 모든 판본이 경經의 원문 중간에 집주문이 실려 있으나, 전체 원문의 대의를 먼저 이해하기 쉽도록 하고자 해당처에 번호를 부여하고 집주문은 따로 아래로 모아 역주하였다.

3. 각 편별로 전체 일련번호와 편장篇章의 순서 번호를 넣어 쉽게 구분하며 역주 내의 설명에서도 쉽게 찾아볼 수 있도록 하였다.

4. 장별로 역대 이래 각 학자들의 의견과 주장을 주註 처리하였다.

5. 그 외에 어휘·구절·허사·문법·음운·인명 등 문제가 될 만한 것들은 모두 주에서 처리하였다.

6. 음주音註 부분에서 반절식反切式·직음식直音式·성조변별식聲調辨別式 등도 언해음諺解音과 대조하여 일일이 누락됨이 없이 밝혔다.

7. 매 단락마다 〈도산본陶山本〉과 〈율곡본栗谷本〉 언해를 실어 문장의 직역은 물론 국어학에도 도움이 되도록 하였다.

8. 언해는 단어별 언해음諺解音을 괄호 안에 넣었고, 띄어쓰기를 하여 시각적으로 구분되도록 하였으며, 문장부호는 표시하지 않았다.

9. 국내외 각종 사서 판본板本·역주본譯註本·현대 번역본·백화어白話語 번역본 등을 두루 참고하였다. 특히 중국 판본은 〈사부간요四部刊要〉본이 가장 완벽하다고 보아 이를 근거로 하되 〈십삼경주소十三經注疏〉본과 대만 사범대학臺灣師範大學 사서교학연토회四書敎學硏討會 표점활자본標點活字本을 참고로 하였으며, 국내 판본으로는 내각장본內閣藏本 〈경서經書(大學·論語·孟子·中庸)〉(成均館大學校 大東文化硏究院 影印, 世宗 甲寅字)를 근거로 하였으며, 〈언해본諺解本〉 두 종류도 교차 검증하였다.

10. 집주集註에 거론된 인명人名은 처음 출현하는 곳에 간단히 약력을 밝혔으며 전체 부록에 따로 모아 설명하였다.

11. 이체자異體字는 원본대로 실었다. 예: 裁(災), 脩(修) 등.

12. 집주 내의 전고典故도 일일이 찾아 밝혔으며, 각주脚註에 처리할 수 없는 경우는 해당 부분 괄호 안에 넣었다.

13. 원문에 현토懸吐는 하지 않았으며 현대 중국식 표점부호標點符號를 사용하였다. 다만 우리말 해석문解釋文에는 한국식 문장 부호를 사용하여 구분하였다.

14. 주희의 〈대학장구서〉·〈독대학법〉·〈대학영조대왕어제서〉는 이 책 앞부분에 수록하였다. 부록附錄(1)에는 〈예기〉 대학편과 우리나라 현토문, 고본 등을 실었으며, 부록(2)에는 〈대학〉 원문 전체를 실어 쉽게 찾아볼 수 있도록 하였다.

15. 사서四書 전체의 『사서총해제四書總解題』를 마련하여 〈대학〉 말미에 실어 일체의 학술적 문제를 일관되게 살펴볼 수 있도록 하였다.

16. 기타 자세한 것은 부록과 해제 등을 참고하기 바란다.

대학

孔子 "我非生而知之者, 好古敏以求之者也." 夢谷 姚谷良(그림)

大學 _대大舊音泰今讀如字

朱熹章句

子程子曰大學孔氏之遺書而初學入德之門也於今
程子曰親當作新○大學者大人之學也明明德之也明德者人

可見古人爲學次第者獨賴此篇之存而論孟次之學
之所得乎天而虛靈不昧以具衆理而應萬事者也但爲氣禀所拘人欲所蔽則有時而昏然其本體之明則有未嘗息者故學者當因其所發而遂明之以復其初也新者革其舊之謂也言既自明其明德又當推以及人使之亦

者必由是而學焉則庶乎其不差矣

大學之道在明明德在親民在止於至善人之學也明明德
有以去其舊染之汚也止者必至於是而不遷之意至善則事理當然之極也言明明德新民皆當止於至善之地而不遷蓋必其有以盡夫天理之極而無一毫人欲之私也此三者大學之綱領也 知止而

后有定定而后能靜靜而后能安安而后能慮慮而后能
后與後同後做此○止者所當止之地即至善之所在也知之則志有定向靜謂心不妄動安謂所處而安慮謂處事精詳得謂得其所止

得 物有本末事有終
明德爲本新民爲末知止爲始能得爲終本始所先末終所後此結上文兩節之意

始知所先後則近道矣 古之欲明明
明德爲本新民爲末知止爲始能得爲終

德於天下者先治其國欲治其國者先齊其家欲齊其家

四部備要본 〈四書集註〉《大學》

大學章句　太舊音泰今讀如字

子程子曰大學孔氏之遺書而初學入
德之門也於今可見古人為學次第者
獨賴此篇之存而論孟次之學者必由
是而學焉則庶乎其不差矣

《大學》一

大學之道在明明德在親民在止於至善。

知止而后有定，定而后能靜，靜而后能安，安而后能慮，慮而后能得。物有本末，事有終始，知所先後則近道矣。

古之欲明明德於天下者先治其國，欲治其國者先齊其家，欲齊其家者先脩其身，欲脩其身者先正其心，欲正其心者先誠其意，欲誠其意者先致其知，致知在格物。

《大學》二

物格而后知至，知至而后意誠，意誠而后心正，心正而后身脩，身脩而后家齊，家齊而后國治，國治而后天下平。

自天子以至於庶人，壹是皆以脩身為本。其本亂而末治者否矣，其所厚者薄而其所薄者厚，未之有也。

右經一章，蓋孔子之言而曾子述之。其傳十章，則曾子之意而門人記之也。舊本頗有錯簡，今因程子

四部刊要본 〈四書集註〉《大學章句》宋，吳志忠(刻) 漢京文化事業公司印本(1981) 臺北

大學章句大全

子程子曰大學孔氏之遺書而初學入德之門也於今可見古人爲學次第者獨賴此篇之存而論孟次之學者必由是而學焉則庶乎其不差矣

大學之道在明明德在親民在止於至善

程子曰親當作新〇大學者大人之學也明明之也明德者人之所得乎天而虛靈不昧以具衆理而應萬事者也

大學

대학

篆文(小篆)《大學》淸, 殿版定本

后에國국을治티고 國국이治티而식后에 天텬
下하ㅣ平평ᄒᆞᆯ디니

物믈이格격ᄒᆞᆫ后후에 知디ᄃᆡ 至지ᄒᆞ고 知디ㅣ 至지ᄒᆞᆫ后후에 意의ㅣ 誠성
ᄒᆞ고 意의ㅣ誠성ᄒᆞᆫ后후에 ᄆᆞᅀᆞᆷ이正졍ᄒᆞ고 ᄆᆞᅀᆞᆷ이正졍
ᄒᆞᆫ后후에 몸이닷고 몸이닷근后후에 집이ᄀᆞ족ᄒᆞ고
집이ᄀᆞ족ᄒᆞᆫ后후에 나라ㅣ 다ᄉᆞ리고 나라
ㅣ 다ᄉᆞ린后후에 天텬下하ㅣ 平평ᄒᆞᄂᆞ니라

自ᄌᆞ天텬子ᄌᆞ로以이至지於어庶셔人신히 壹일
是시皆개以이脩슈身신爲위本본이니라

其기本본이亂란而식末말이治티者쟈ㅣ 否부
矣의며 其기所소厚후者쟈애 而식薄박ᄒᆞ고
소薄박者쟈애 而식厚후ㅣ 未미之지有유也야ㅣ니라

天텬子ᄌᆞ로브터ᄡᅥ庶셔人신에 니르히
곧티다몸닷그모로ᄡᅥ本본을삼ᄂᆞ니라

其기本본이亂란ᄒᆞ고 末말이다ᄉᆞ린者쟈ㅣ 否부
ᄒᆞ며 그本본이厚후ᄒᆞ애薄박ᄒᆞ고 그薄박
厚후ᄒᆞ애 厚후ㅣ잇디아니ᄒᆞ니라

右우ᄂᆞᆫ經경一일章장이라

康강誥고애 曰왈克극明명德덕이라ᄒᆞ며

太태甲갑애 曰왈顧고諟시天텬之지明명命명
이라ᄒᆞ며

太태甲갑애 ᄀᆞᆯ오ᄃᆡ 이하ᄂᆞᆯ볼근命명을 顧고
ᄒᆞ다ᄒᆞ며

帝뎨典뎐애 曰왈克극明명峻쥰德덕이라
ᄒᆞ니

帝뎨典뎐애 ᄀᆞᆯ오ᄃᆡ 능히큰德덕을볼키다ᄒᆞ니

皆개自ᄌᆞ明명也야ㅣ라
다스스로볼키미니라

右우ᄂᆞᆫ傳뎐之지首슈章장이라

湯탕之지盤반銘명애 曰왈苟구日일新신이어든
日일日일新신ᄒᆞ고 又우日일新신이라ᄒᆞ니라

湯탕의盤반人애銘명애 ᄀᆞᆯ오ᄃᆡ 진실로나래새
롭거든 날로새로이ᄒᆞ고 ᄯᅩ날로새로이ᄒᆞ라

康강誥고애 曰왈作작新신民민이라ᄒᆞ며

康강誥고애 ᄀᆞᆯ오ᄃᆡ 새롭ᄂᆞᆫ民민을作작ᄒᆞ라

詩시曰왈周쥬雖슈舊구邦방나 其기命명維유
新신이라

《大學諺解》陶山書院 所藏本. 大提閣인본(1972)

大學

대

학

大學栗谷先生諺解

大대學학之지道도는 在지明명明명德덕ᄒᆞ며 在ᄌᆡ親친(○新신)民민ᄒᆞ며 在ᄌᆡ止지於어至지善션이니라

知디止지而이后후에 有유定뎡ᄒᆞ니 定뎡而이后후에 能능靜졍ᄒᆞ고 靜졍而이后후에 能능安안ᄒᆞ고 安안而이后후에 能능慮려ᄒᆞ고 慮려而이后후에 能능得득ᄒᆞᄂᆞ니라

物믈有유本본末말ᄒᆞ고 事ᄉᆞ有유終죵始시ᄒᆞ니 知디所소先션後후ᄒᆞ면 則즉近근道도矣의리라

大대學학之지道도의 갓가오리라

古고之지欲욕明명明명德덕於어天텬下하者쟈ᄂᆞᆫ 先션治티其기國국ᄒᆞ고 欲욕治티其기國국者쟈ᄂᆞᆫ 先션齊졔其기家가ᄒᆞ고 欲욕齊졔其기家가者쟈ᄂᆞᆫ 先션修슈其기身신ᄒᆞ고 欲욕修슈其기身신者쟈ᄂᆞᆫ 先션正졍其기心심ᄒᆞ고 欲욕正졍其기心심者쟈ᄂᆞᆫ 先션誠셩其기意의ᄒᆞ고 欲욕誠셩其기意의者쟈ᄂᆞᆫ 先션致티其기知디ᄒᆞ니 致티知디ᄂᆞᆫ 在ᄌᆡ格격物믈ᄒᆞ니라

格격物믈ᄒᆞ라 ᄂᆡ明명明명德덕을 天텬下하의 明명코져ᄒᆞᄂᆞᆫ者쟈ᄂᆞᆫ 몬져그國국을 治티ᄒᆞ고 그國국을 治티코져ᄒᆞᄂᆞᆫ者쟈ᄂᆞᆫ 몬져그家가를 齊졔ᄒᆞ고 그家가를 齊졔코져ᄒᆞᄂᆞᆫ者쟈ᄂᆞᆫ 몬져그身신을 修슈ᄒᆞ고 그身신을 修슈코져ᄒᆞᄂᆞᆫ者쟈ᄂᆞᆫ 몬져그心심을 正졍ᄒᆞ고 그心심을 正졍코져ᄒᆞᄂᆞᆫ者쟈ᄂᆞᆫ 몬져그意의를 誠셩ᄒᆞ고 그意의를 誠셩코져ᄒᆞᄂᆞᆫ者쟈ᄂᆞᆫ 몬져그知디를 致티ᄒᆞ니

《大學》栗谷諺解 成均館大學校 養賢齋 文光出版社 인본(1974)

大學 第四十二。陸曰鄭云大學者以其記博學可以為政也○正義曰案鄭目錄云此於別錄屬通論此大學之篇論學成之事能治其國章明其德於天下卻從誠意為始。

禮記 鄭氏注 孔穎達疏

大學之道在明明德在親民在止於至善知止而后有定定而后能靜靜而后能安安而后能慮慮而后能得物有本末事有終始知所先後則近道矣。

古之欲明明德於天下者先治其國欲治其國者先齊其家欲齊其家者先修其身欲修其身者先正其心欲正其心者先誠其意欲誠其意者先致其知致知在格物。

物格而后知至知至而后意誠意誠而后心正心正而后身修身修而后家齊家齊而后國治國治而后天下平。

自天子以至於庶人壹是皆以修身為本其本亂而末治者否矣其所厚者薄而其所薄者厚未之有也此謂知本此謂知之至也。

所謂誠其意者毋自欺也如惡惡臭如好好色此之謂自謙故君子必慎其獨也小人閒居為不善無所不至見君子而后厭然揜其不善而著其善人之視己如見其肺肝然則何益矣此謂誠於中形於外故君子必慎其獨也。

曾子曰十目所視十手所指其嚴乎富潤屋德潤身心廣體胖故君子必誠其意。

詩云瞻彼淇澳菉竹猗猗有斐君子如切如磋如琢如磨瑟兮僩兮赫兮喧兮有斐君子終不可諠兮如切如磋者道學也如琢如磨者自修也瑟兮僩兮者恂慄也赫兮喧兮者威儀也有斐君子終不可諠兮者道盛德至善民之不能忘也。

詩云於戲前王不忘君子賢其賢而親其親小人樂其...

于敏獲同户郭反注同訕求勿反注同力追反長丁丈反閔本亦作愿胡困反注累力僞反熟武謹反不又作獲同徐音丘勿反閔本亦作

今眾人之命儒也妄常以儒相詬病

名無有常人遭人名爲儒命以儒名也妄鄭音亡無也王音忘尚由也詬恥辱也○命儒命名也妄呼候反斳反斳居虛妄反而相媿爲斳也

孔子至舍哀公館之聞此

居觀反杜預云戲也而相媿爲斳也儒行之作盖孔子自就而礼館之問儒服而遂問儒行乃始竟焉言没世不敢以儒爲戲當時服○行加下孟反注同

言也言加信行加義終沒吾世不敢以儒爲戲

盖孔子自作儒行之作

鄭氏註

大學第四十二

記 陸曰鄭云大學者以其記博學可以爲政也

大學之道在明明德在親民在止於至善知止而后有

明明德謂顯明至德也止猶

定定而后能靜靜而后能安安而后能慮慮而后能得

物有本末事有終始知所先後則近道矣

其至德也止猶

治其國欲治其國者先齊其家欲齊其家者先脩其身

古之欲明明德於天下者先

自處也得謂得事之宜也○大舊音泰刘直帶反近附近之近

大學之道는 在明明德하며 在親民하며 在止於至善이니라

大學의 道는 밝은 德을 밝히기인 잇스며 民을 새게 함에 잇스며 지극히 善에 止함에 잇느니라

程子曰親當作新이오 大學者는 大人之學也니 明은 明之也오 明德者는 人之所得乎天하야 而虛靈不昧하야 以具衆理而應萬事者也니라

新者는 革其舊之謂也니

原本備旨 大學集註

九

原本備旨《大學集註》世昌書館 1951 서울

차 례

❀ 책머리에

❀ 일러두기

❀ 〈사서총해제四書總解題〉

대학

大學章句序

〈대학장구서大學章句序〉

宋, 朱熹

《대학》 책은 옛날 대학太學에서 사람을 가르치던 바의 법이다. 대체로 하늘이 백성을 내림으로부터 이미 인의예지仁義禮智의 성性을 부여賦與해 주지 않음이 없었다. 그러나 그 기질지품氣質之稟이 간혹 똑같을 수가 없어, 이 때문에 누구나 다 그러한 품성의 소유에 대하여 알고 이를 온전히 할 수 있는 것은 아니다. 한 사람이라도 총명예지聰明睿智를 가지고 능히 그 성을 다하는 자가 그 중간에 출현하게 되면 하늘은 반드시 그에게 명하여 억조億兆의 군사君師로 삼아 그로 하여금 이를 다스려 가르쳐서 그 성을 회복시키도록 하였다. 이는 복희伏羲·신농神農·황제黃帝·요堯·순舜으로써 하늘을 계승하여 그 극極을 세운 것이며, 사도司徒의 직책, 전악典樂의 관직이 이로 말미암아 설치되었던 것이다.

大學之書, 古之大學所以教人之法也. 蓋自天降生民, 則既莫不與之以仁義禮智之性矣. 然其氣質之稟或不能齊, 是以不能皆有以知其性之所有而全之也. 一有聰明睿智能盡其性者出於其閒, 則天必命之以爲億兆之君師, 使之治而教之,

以復其性. 此伏羲・神農・黃帝・堯・舜, 所以繼天立極, 而司
徒之職・典樂之官所由設也.

【大學】원래《小戴禮記》중의 한 편.(지금의 예기에는 제42편). 子思가 지은
것으로 전해지고 있으나, 朱子는 曾子에게서 나왔다고 여겼음. 한편 太學은
小學의 상대 개념으로 고대 최고의 學府.「學大藝, 履大節」(《大戴禮記》保傳篇)
이라 하여 大人之學, 즉 지도자를 양성하는 과정이었음.
【仁義禮智之性】성은 天性, 本性으로 孟子는 四端의 근거가 되는 것으로 보았음.
【氣質之稟】물질재료, 혹은 생리조건의 원형으로 봄.
【億兆】일반 수많은 백성을 가리킴. 億兆蒼生.
【君師】고대의 지도자. 정치(君)와 교육(師)을 함께 책임졌다는 개념으로 본
것임.《書經》泰誓에「天佑下民, 作之君, 作之師」라 함.
【伏羲】고대의 지도자. 土德으로 임금이 되어 천하를 다스렸다 함. 중국 민족의
시조로 일컬어짐.
【堯】고대 唐나라를 세워 덕치를 베풀었던 聖君. 聖人.
【舜】고대 虞나라를 세워 역시 덕을 베풀었던 성인.
【極】至中・至高・至正의 목표.
【司徒】고대 교육을 담당하였던 직책. 교화와 인륜의 문제를 관장하였으며,
설(契)이 처음 이 관직을 맡았다 함.(《孟子》滕文公 上 050, 5-4 참조)
【典樂】《周禮》에 大司樂의 직책이 있으며 學政을 주관하였다 함.

　삼대三代가 성盛함에 그 법이 차츰 갖추어지자 그러한 연후에 왕궁王宮,
국도國都 및 여항閭巷에 이르기까지 학교學校가 없는 곳이 없게 되었다.
사람이 태어나 8세가 되면 왕공王公 이하 서인庶人의 자제子弟에 이르기
까지 모두가 소학小學에 입학하게 되고 이들에게 쇄소灑掃・응대應對・진퇴
進退의 예절과 예악사어서수禮樂射御書數의 문文을 가르쳤다. 그리고 다시
15세에 이르면 천자天子의 원자元子・중자衆子 및 공公・경卿・대부大夫・

원사元士의 적자適子와 일반 백성의 준수俊秀를 모두 대학大學에 입학
시켜 이들에게 다시 궁리窮理・정심正心・수기修己・치인治人의 도를 가르
쳤다. 이것이 또한 학교지교學校之教와 대소지절大小之節이 나누어지게
된 까닭이다.

　三代之隆, 其法寖備, 然後王宮・國都以及閭巷, 莫不有學.
人生八歲, 則自王公以下, 至於庶人之子弟, 皆入小學, 而敎
之以灑掃・應對・進退之節, 禮樂射御書數之文; 及其十有
五年, 則自天子之元子・衆子, 以至公・卿・大夫・元士之
適子, 與凡民之俊秀, 皆入大學, 而敎之以窮理・正心・修己・
治人之道. 此又學校之敎・大小之節所以分也.

【三代】 夏(禹)・殷(湯)・周(文王, 武王, 周公)의 시기로 聖人이 다스려 儒家에서
　　신봉하는 시대.
【小學】 大學에 상대되는 말로 인간의 기본 예절을 배움. 8세에 소학에 입학한다는
　　것은 《周禮》 地官 保氏篇, 《大戴禮記》 保傳篇 등에 근거한 것임.
【灑掃】 물 뿌리고 청소하는 일. 小學의 실천 덕목 중의 하나. 埽는 掃와 같음.
【應對】 남을 대할 때의 예절. 역시 소학의 덕목.
【進退】 몸가짐, 태도, 어른 공경의 기본 예절로 역시 소학의 덕목.
【禮樂射御書數】 소학의 기본 과정(과목)으로 흔히 六藝라고도 함. 禮는 예절,
　　樂은 음악, 射는 활쏘기, 御는 말타기, 書는 글씨쓰기, 數는 셈하기를 가리킴.
【文】 법도와 교육과정.
【元子】 황후 소생의 첫아들, 즉 태자.
【衆子】 태자 이외의 왕자들.
【元士】 천자의 상사.
【適子】 嫡子와 같음, 정처 소생의 아들.
【俊秀】 준재와 수재.

무릇 학교를 설립함에 그 넓기가 이와 같고, 가르치는 방법에서 그 차례와 절목節目의 상세함이 또한 이와 같았으며, 그 가르침으로 삼는 바는 다시 모두가 임금된 자가 궁행심득躬行心得한 끝에 얻은 나머지에 본本을 둔 것으로, 민생民生의 일용이륜日用彝倫 밖에서 구하기를 기대한 것이 아니었다. 이 때문에 당세當世의 사람으로서 배우지 못함이 없었던 것이다. 이것을 배운 자는 그 성분性分의 고유한 바와 그 직분의 당위當爲스러운 바를 알아, 각기 여기에 힘쓰되 그 힘을 극진히 하지 않음이 없었다. 이것이 옛날 성시盛時에 위에서는 정치가 융성하고, 아래에서는 풍속이 아름다웠던 것으로 후세에 능히 그에 미칠 수 없는 바의 소이所以이다.

夫以學校之設, 其廣如此, 敎之之術, 其次第節目之詳又如此, 而其所以爲敎, 則又皆本之人君躬行心得之餘, 不待求之民生日用彝倫之外, 是以當世之人無不學. 其學焉者, 無不有以知其性分之所固有, 職分之所當爲, 而各俛焉以盡其力. 此古昔盛時所以治隆於上, 俗美於下, 而非後世之所能及也!

【節目】 교육내용, 과목.
【躬行心得】 몸소 실천하여 마음으로 터득함.
【日用彝倫】 일상생활에 있어서의 떳떳한 倫常.
【性分】 天性으로 타고난 본분.
【俛】 勉과 같음.

주周나라가 쇠함에 미쳐서 현성지군賢聖之君이 나오지 않고, 학교지정學校之政이 닦이지 못하여 교화가 능이陵夷되고 풍속이 퇴패頹敗하여졌다. 이때에 공자孔子같은 이가 있었으나, 군사지위君師之位를 얻어 그 정교政教를 실천하는 그러한 일을 할 수가 없었다.* 이에 단지 선왕先王의 법을 취하여 외워 전수하여 후세에 조칙詔勅으로 삼았다. 이를테면 〈곡례曲禮〉, 〈소의少儀〉, 〈내칙內則〉, 〈제자직弟子職〉 등의 여러 편篇은 진실로 소학小學의 지류여예支流餘裔이며, 이 편들은 소학의 성공을 근거로 대학의 명법明法을 드러낸 것으로, 밖으로는 그 규모의 큼을 끝까지 하였고, 안으로는 그 절목의 상세함을 극진히 한 것이다. 삼천 명의 제자들은 대체로 그 설명을 듣지 않은 자가 없었을 터이나 증씨曾氏가 전한 것만이 유독 그 정종正宗을 얻은 것이며, 이에 그 전의傳義를 만들어 그 뜻을 편 것이다. 그러나 맹자孟子가 죽고 나서 그 전의는 민멸泯滅되어 그 글이 비록 남아 있기는 하나 그것을 아는 자는 드물게 되었다!

及周之衰, 賢聖之君不作, 學校之政不修, 教化陵夷, 風俗頹敗, 時則有若孔子之聖, 而不得君師之位以行其政教, 於是獨取先王之法, 誦而傳之以詔後世. 若〈曲禮〉, 〈少儀〉, 〈內則〉, 〈弟子職〉諸篇, 固小學之支流餘裔, 而此篇者, 則因小學之成功, 以著大學之明法, 外有以極其規模之大, 而內有以盡其節目之詳者也. 三千之徒, 蓋莫不聞其說, 而曾氏之傳, 獨得其宗, 於是作爲傳義, 以發其意. 及孟子沒而其傳泯焉, 則其書雖存, 而知者鮮矣!

【周之衰】東周시대, 즉 春秋戰國시대. 혼란한 시대를 뜻함.
【陵夷】능멸되어 제대로 시행되지 못함.

* 고대에는 聖人이 지위(임금)를 가지고 있어야 하나, 공자는 성인이면서도 지위를 갖지 못하여 직접 그 도를 펴지 못하였다는 뜻임.

【詔】 여기서는 임금의 詔勅과 같은 공자의 가르침이라는 뜻.

【曲禮】《禮記》의 편명. 禮義 節文에 관한 내용임.

【少儀】 역시 《예기》의 편명. 儀節에 관한 기록임.

【內則】 역시 《예기》의 편명. 婦女의 禮法에 관한 내용임.

【弟子職】 원래 《管子》의 편명이었으나 《漢書》藝文志에는 《孝經》에 附하여 유가의 내용으로 편입됨. 제자의 직분에 관한 내용임.

【支流餘裔】 곁가지 유파이며 나머지 후예라는 뜻.

【三千之徒】 공자의 제자들을 가리킴. 《史記》 孔子世家 참조.

【曾氏】 曾子, 曾參.

【宗】 정종, 정통을 뜻함.

【傳義】 經의 다음 단계로 경을 풀어 설명한 것. 주자가 《대학》을 經1장(공자의 말로 經임), 전10장(증자가 공자의 경을 풀이한 말로 증자의 문인이 기록한 것, 傳)으로 나누었으며 전은 증자의 傳義로 여긴 것임.

【孟子】 주자는 유가의 경학이 공자·曾子·子思를 거쳐 맹자에게 계승되었고, 그 뒤 宋代까지 뚜렷한 인물이 나타나지 않았다고 여겼음.

【泯】 사라져 없어짐. 泯滅.

이로부터 속유俗儒들은 기송記誦과 사장詞章의 학습에 그 공력功力이 소학보다 배가 되면서도 쓸모가 없었으며, 이단異端과 허무虛無, 적멸寂滅의 가르침이 그 높기가 대학보다 더하였지만 실질이 없었다. 그밖의 권모술수權謀術數와 일체의 공명功名을 성취하기 위한 학설, 그리고 무릇 백가중기百家衆技의 유행流行은 혹세무민惑世誣民하고 충색인의充塞仁義하는 것들로서 다시 분분히 뒤섞여 그 사이를 틈타 출현하게 되었고, 그것은 군자들로 하여금 불행하게도 대도지요大道之要를 들을 수 없게 하였으며, 소인들로 하여금 불행하게도 지치지택至治之澤을 입어보지 못하게 하였으며, 회맹비색晦盲否塞, 반복침고反覆沈痼하게 하여 오계五季의 쇠함에 이르러서는 괴란壞亂이 극에 달하였다!

自是以來, 俗儒記誦詞章之習, 其功倍於小學而無用; 異端 虛無寂滅之敎, 其高過於大學而無實. 其他權謀術數, 一切 以就功名之說, 與夫百家衆技之流, 所以惑世誣民·充塞仁 義者, 又紛然雜出乎其間, 使其君子不幸而不得聞大道之要, 其小人不幸而不得蒙至治之澤, 晦盲否塞, 反覆沈痼, 以及 五季之衰, 而壞亂極矣!

【俗儒】 비속한 선비.
【記誦】 기억하며 외우기에만 힘쓰는 공부.
【詞章】 사부 문장에 힘쓰는 일.
【異端】 유가 이외의 다른 학술을 뜻함.
【虛無】 도가의 학설. 노장(노자·장자)의 학설.
【寂滅】 불교의 교리. 당시에는 불교에 대하여 부정적인 견해를 가지고 있었음.
【百家衆技】 제자백가의 학설과 여러 가지 잡기.
【充塞仁義】 인의를 막아 통하지 못하게 함.
【大道之要】 대도, 즉 유가의 요체.
【至治之澤】 지선한 통치로 인한 혜택.
【晦盲否塞】 晦盲은 어둡고 캄캄한 것, 否塞은 막혀 답답함을 말함.
【反覆沈痼】 反覆은 뒤집어지고 엎어짐, 沈痼는 오랜 병으로 고통당함을 뜻함.
【五季】 漢·魏·晉·隋·唐의 말엽 혼란기. 유가의 덕치가 전혀 베풀어지지
　　못하는 각 조대의 마지막 혼란을 통틀어 일컫는 말. 혹은 唐末의 五代(梁·唐·
　　晉·漢·周)의 혼란기를 뜻하는 것으로도 봄.

하늘의 운세는 순환하여 가고 다시 돌아오지 않음이란 없다. 송宋나라의 덕이 융성하여 치교治敎가 휴명休明해졌다. 이에 하남河南의 정씨程氏 두 부자夫子가 출현하여 맹자의 전수를 접하였다. 사실 비로소 이 편篇을 존신尊信하여 이를 표장表章하였으며 이미 또한 이를 위해 간편簡編의 차례를 정하고, 그 귀취歸趣를 펴서 밝혔다. 그렇게 한 연후에야 옛날 대학大學의 교인지법敎人之法과 성경聖經의 현전지지賢傳之指가 찬연히 세상에 밝음을 회복하게 된 것이다. 비록 나熹의 불민不敏으로도 역시 다행스럽게 사숙私淑하여 들음에 참여할 수 있었다. 돌아보건대 그것이 책으로 꾸며짐에는 그래도 자못 방실放失함이 있어 이 때문에 고루固陋함을 잊고, 채집하여 이를 편집하면서 사이사이 역시 나의 뜻을 부기附記하여 그 궐략闕畧함을 보충하였으니 뒷날의 군자를 기다린다. 참월僭越하고 뛰어넘어 그 죄를 피할 수 없다는 것을 지극히 알고 있지만 국가國家의 화민성속化民成俗의 의미와 학자學者의 수기치인修己治人의 방법에 있어서라면 틀림없이 적은 보탬이 없는 것도 아니리라 여긴다.

天運循環, 無往不復. 宋德隆盛, 治敎休明. 於是河南程氏
兩夫子出, 而有以接乎孟氏之傳. 實始尊信此篇而表章之,
旣又爲之次其簡編, 發其歸趣, 然後古者大學敎人之法・聖經
賢傳之指, 粲然復明於世. 雖以熹之不敏, 亦幸私淑而與有
聞焉. 顧其爲書猶頗放失, 是以忘其固陋, 采而輯之, 間亦竊附
己意, 補其闕畧, 以俟後之君子. 極知僭踰, 無所逃罪, 然於
國家化民成俗之意・學者修己治人之方, 則未必無小補云.

【休明】훌륭하고 밝음.
【河南程氏】程顥(明道先生, 1032~1085)와 程頤(伊川先生, 1033~1107). 北宋
洛學派 두 巨頭를 가리킴. 이들은 관적이 河南 洛陽이었음.

【夫子】 선생님을 높여 부르는 칭호.

【尊信】 존경하여 믿음

【表章】 드러내어 현창함.

【簡編】 二程은《禮記》중의 〈大學〉편에 대하여 編章의 차례를 정하여 각각 定本이 있어 그 순서가 다름.

【歸趣】 귀결되는 旨趣.

【聖經】 유가의 경전을 높여 부른 말.

【私淑】 직접 배우지 못하고 스스로 사사로이 스승이라 여기며 홀로 학습함을 말함.

* 二程의 〈大學〉 정본에는 「格物致知」가 없었으며 주자가 이를 하나의 장으로 삼아 보충해 넣었음.

【僭踰】 남의 의견을 뛰어넘어 주제넘게 굴다의 뜻이나 여기서는 주자가 겸손하게 한 말임.

淳熙 己酉 二月 甲子, 新安 朱熹 序.

순희淳熙 기유년己酉年 이월二月 갑자일甲子日에 신안新安 주희朱熹가 서문序文을 쓰다.

【淳熙】 南宋 孝宗의 연호. 己酉는 1189년에 해당함.

대
학

讀大學法

〈독대학법讀大學法〉

宋, 朱熹

(丁酉字본에 실려 있는 것으로 ○부분은 朱熹의 自註이다)

주자朱子가 말하였다.

"《논어》·《맹자》는 일에 따라 문답한 것으로서 요령을 알기 어렵다. 오직 《대학》만은 공자가 옛사람들의 학문하는 대방大方을 설명한 것을 증자曾子, 曾參가 기술하였고, 그의 문인이 다시 그 요지를 밝혀 전술한 것으로 전후가 서로 인순因循되고 체통이 두루 갖추어져 있어 이 책을 완미해 보면 옛사람의 학문하는 방향을 알 수 있을뿐더러 오히려 《논어》·《맹자》보다 입문하기가 쉽다. 그 이후에 공부工夫할 것이 비록 많다고 해도 대체는 이미 세울 수 있게 된다."

> 朱子曰:「語孟隨事問答, 難見要領. 惟大學, 是曾子述孔子說古人爲學之大方, 而門人又傳述以明其旨, 前後相因, 體統都具, 翫味此書, 知得古人爲學所向, 却讀語孟便易入, 後面工夫雖多, 而大體已立矣.」

○ 看這一書, 又自與看語孟不同, 語孟中只一項事是一箇道理. 如孟子說仁義處, 只就仁義上說道理; 孔子答顏淵以克己復禮, 只就克己復禮上說道理. 若大學却只統說, 論其功用之極, 至於平天下. 然天下所以平却先須治國; 國之所以治却先須齊家; 家之所以齊却先須修身; 身之所以修却先須正心; 心之所以正却先須誠意; 意之所以誠却先須致知; 知之所以至却先須格物.

○ 이 한 권의 책을 보는 방법은 자연히 《논어》·《맹자》를 보는 방법과 같지 않다. 《논어》·《맹자》 속에는 다만 한 가지 일이 한 가지의 도리일 뿐이다. 이를테면 맹자孟子가 인의仁義를 설명한 곳(《맹자》001, 034, 055, 060 등)에는 그저 인의에 있어서의 도리를 설명한 것뿐이며, 공자가 안연顏淵에게 극기복례克己復禮로써 대답한 것(《논어》279)도 다만 극기복례에 있어서의 도리일 뿐이다. 만약 《대학》이라면 도리어 단지 통설로 한 것뿐으로서 그 공용功用의 지극함이 평천하平天下에 이른다는 것을 논하고 있다. 그러나 천하가 평안해지려면 도리어 먼저 치국治國을 해야 하며, 나라가 다스려지려면 먼저 제가齊家를 해야 하며, 집안이 가지런해지려면 먼저 수신修身이 되어야 하고, 자신이 수양되려면 먼저 정심正心이 앞서야 하며, 마음이 바르게 되려면 모름지기 성의誠意가 앞서야 하며, 뜻이 성실하게 되려면 먼저 치지致知가 앞서야 하며, 앎이 지극하려면 먼저 격물格物이 앞서야 하는 것이다.

○ 大學是爲學綱目, 先讀大學, 立定綱領. 他書皆雜說在裏許, 通得大學了, 去看他經, 方見得此是格物致知事. 此是誠意正心事, 此是修身事, 此是齊家治國平天下事.

○ 《대학》은 학문을 하는 강목綱目이다. 먼저 《대학》을 읽어 강령綱領부터 세워야 한다. 다른 책은 모두가 잡설로서 이 속에 다 들어 있다. 《대학》을 통하고 나서 다른 경經을 보아야 바야흐로 이것이 격물格物·치지致知의 일이요, 이것이 성의誠意·정심正心의 일이요, 이것이 수신修身의 일이요, 이것이 제가齊家·치국治國·평천하平天下의 일이라는 것을 알게 될 것이다.

○ 今且熟讀大學, 作間架却以他書塡補去.

○ 지금 먼저 《대학》을 숙독하여 간가(間架, 시렁, 빈 공간의 뜻)를 삼아 여기에다가 다른 책으로 이를 메워 나가야 한다.

○ 大學是通言學之初終; 中庸是指本原極致處.

○ 《대학》은 학문의 시작과 끝을 관통하여 말한 것이며, 《중용》은 본원本原의 극치가 되는 곳을 지적한 것이다.

○ 問: 「欲專看一書, 以何爲先?」 曰: 「先讀大學, 可見古人爲學首末次第, 不比他書. 他書非一時所言, 非一人所記.」

○ 묻기를 "오로지 한 책만 보고자 한다면 어느 것을 먼저 해야 하는가?"라고 한다면 이렇게 대답할 것이다. "먼저 《대학》을 읽어 보면 옛사람이 학문을 함에 수말首末과 차례가 다른 책에 비교할 수 없음을 알게 될 것이다. 다른 책은 어느 한 시기에 말한 것도 아니요, 한 사람이 기록한 것도 아니다."

또 이렇게 말하였다.
"대학을 보는 데는 진실로 축구逐句식으로 보아 나가야 하며, 또한 모름지기 먼저 전문傳文을 통독하고 익숙토록 하되 바야흐로 처음부터 자세히 보는 것이 좋다. 만약 전문의 대의를 전혀 알지 못하고서는 앞부분을 보아도 역시 어렵게 된다."

又曰: 「看大學固是着逐句看去也須先統讀傳文敎熟, 方好從頭仔細看, 若專不識傳文大意, 便看前頭亦難.」

또 이렇게 말하였다.

"일찍이 하나의 설을 만들어 사람을 가르침에 다만 《대학》을 하루에 한 번씩 읽되 어떤 것이 대인지학大人之學이며, 어떤 것이 소학小學이며, 어떤 것이 명명덕明明德이며, 어떤 것이 신민新民이며, 어떤 것이 지어지선止於至善인가를 보도록 한다. 날마다 이와 같이 읽어 달이 오고 날이 가면 저절로 소위 말하는 온고이지신(溫故而知新, 《논어》 027)이 드러날 것이다. 모름지기 새로운 것을 알아야 한다. 날로날로 새로운 것을 알게 되면, 바야흐로 도리가 새로움을 해석하는 것이 아니라 다만 이러한 뜻意思이 길이길이 새롭게 되는 것이다."

又曰:「嘗欲作一說教人, 只將大學, 一日去讀一遍, 看他如何是大人之學, 如何是小學, 如何是明明德, 如何是新民, 如何是止於至善. 日日如是讀, 月來日去, 自見所謂溫故而知新; 須是知新, 日日看得新, 方得却不是道理解新, 但自家這簡意思長長地新.」

○ 讀大學初間也只如此讀, 後來也只如此讀, 只是初間讀得似不與自家相關, 後來看熟, 見許多說須着如此做, 不如此做自不得.」

○ 《대학》을 읽음에는 처음 시작도 역시 이와 같이 읽고, 나중도 역시 이와같이 읽어야 한다. 단지 처음에 읽을 때는 마치 자신과 상관이 없는 듯 여기나가, 나중에 숙독한다고 해도 허다한 말이 모름지기 이와 같이 해야 하며, 이렇게 하지 않고서는 될 수 없다는 것을 알게 될 것이다.

○ 讀書不可貪多, 當且以大學爲先, 逐段熟讀精思, 須令了了分明, 方可改讀後段. 看第二段, 却思量前段, 令文意連屬却不妨.

○ 독서에는 많이 하고자 탐해서는 안 된다. 의당 《대학》을 우선으로 하되 문단별로 숙독하고 정밀히 생각하여 모름지기 명료하고 분명토록 해야 가히 다음 단락을 읽을 수 있게 된다. 두 번째 단락을 볼 때에도 앞 단락을 생각하여 문의가 연속하여 익혀져야 방해가 되지 않는다.

○ 問:「大學稍通, 方要讀論語?」曰:「且未可. 大學稍通, 正好着心精讀, 前日讀時, 見得前未見得後面; 見得後未見得前面. 今識得大綱體統, 正好熟看, 讀此書功深, 則用博. 昔尹和靖見伊川半年, 方得大學西銘看, 今人半年要讀多少書? 某且要人讀此是如何? 緣此書却不多而規模周備. 凡讀書初一項, 須着十分工夫了. 第二項只費得八九分工夫, 第三項便只費得六七分工夫. 少間讀漸多自通貫, 他書自著不得多工夫.」

○ 묻기를 "《대학》을 조금 통하고서 《논어》를 읽고자 한다면 어떤가?"라고 한다면 이렇게 대답할 수 있다. "아직 안 된다. 《대학》을 조금 통했으면 바로 마음을 정하여 정독해야 한다. 지난날 읽었을 때는 앞부분은 알고 뒷부분을 알지 못하였으며, 뒷부분을 알았다 해도 앞부분을 알지 못하였다. 지금 대강의 체통을 알아냈으니 잘 숙독하여 보아 이 책을 읽되 노력을 들이고 깊이 있게 한다면 그 활용이 넓게 될 것이다. 지난날 윤화정(尹和靖, 尹焞, 1071~1142)이 이천 (伊川, 程頤, 1033~1107)을 반 년이나 뵙고 나서야 비로소 《대학》과 《서명西銘》을 볼 수 있었다. 지금 사람은 반 년 동안 얼마나 많은 책을 읽겠다고 하는가? 모某(주자 자신)가 사람은 이 책을 읽어야 한다고 하는 것은 어째서이겠는가? 이유는 이 책은 도리어 분량이 많지 않으면서도 규모는 두루 갖추어져 있기 때문이다. 무릇 독서의 처음 첫 단계는 모름지기 십분十分 공부工夫(노력이라는 뜻의 당시 백화어)를 들여야 한다. 그렇게 하면 두 번째 단계에는 다만 8, 9분分의 노력만 들여도 되며, 세 번째 단계에서는 6, 7분의 공부만 들여도 되게 된다. 얼마간 읽기를 점점 늘이면 저절로 통하여 꿰뚫게 되어 다른 책은 저절로 많은 공부를 들이지 않고도 될 수 있다."

○ 看大學俟見大指, 乃及他書. 但看時須是更將大段, 分作小段, 字字句句, 不可容易放過. 常時暗誦黙思, 反覆研究, 未上口時, 須教上口, 未通透時, 須教通透,已通透後, 便要純熟, 直待不思索時, 此意常在心胸之間, 驅遣不去, 方是此一段了, 又換一段看. 令如此數段之後, 心安理熟, 覺工夫省力時, 便漸得力也.

○《대학》을 볼 때에는 대지大指를 알게 되기를 기다리고 나서 다른 책으로 미쳐 나가야 한다. 다만 읽을 때에는 모름지기 큰 단락으로 나누고, 작은 단락으로 세분하되 글자마다 구절마다 쉽게 넘어가려고 해서는 안 된다. 항상 암송하고 묵사默思하여 반복하여 연구해야 한다. 아직 입에 오르지 않았을 때에는 모름지기 입에 오르게 해야 하며, 아직 통함이 투철하지 못하였을 때라면 모름지기 통함이 투철하게 해야 한다. 그리고 이미 통함이 투철한 후라면 곧 순정한 익힘이 되게 해야 하며, 사색하지 않을 때라도 이러한 뜻이 항상 가슴속에 있어 몰아내려 해도 가지 않게 되기를 계속 기다려야 바야흐로 이 단락을 끝내고 단락을 바꾸어서 볼 수 있는 것이다. 이와 같이 하기를 몇 단락을 한 이후에 마음이 안정되고 이치가 익숙해져서 공부에 노력이 줄어든다고 느끼게 될 때면 곧 점점 힘을 얻게 될 것이다.

또 이렇게 말하였다.

"《대학》은 하나의 강자(腔子, 속이 비어 있는 것)이다. 그러나 지금은 오히려 이를 메워 그것을 채워야 하는 것이다. 이를테면 그(대학)가 말한 격물格物에는 스스로 반드시 격물한 후에 메워 그것을 채워야 하며, 성의誠意를 함도 역시 이와 같다. 만약 빈 껍질만을 읽는다면 역시 무익한 것이다. 《대학》을 읽음에 어찌 그 언어(표현)를 보겠는가? 바로 마음에 어떠한가를 징험하고자 해야 한다. 이를테면 호호색·오악취(好好色·惡惡臭, 전문 제6장)라면 내 마음에 이를 시험하여 과연 능히 호선오악好善惡惡을 이와 같이 할 수 있는가 하며, 한가한 경우에도 불선不善을 함이 이것이 과연(혹) 나에게 있는가 하는 것이다. 하나라도 지극하지 못함이 있다면 용맹분약勇猛奮躍하기를 그치지 않아야 반드시 장진長進이 있을 것이니 지금 이와 같음을 모른다면 책은 책 그대로요, 나는 나 그대로일 터이니 무슨 이익이 있겠는가?"

又曰:「大學是一箇腔子, 而今却要塡敎他實, 如他說格物, 自家須是去格物後塡敎他實, 著誠意亦然. 若只讀得空殼子, 亦無益也. 讀大學, 豈在看他言語? 正欲驗之於心如何. 如好好色, 惡惡臭, 試驗之吾心, 果能好善惡惡如此乎? 閒居爲不善, 是果有此乎? 一有不至, 則勇猛奮躍不已, 必有長進, 今不知如此, 則書自書我自我, 何益之有?」

또 이렇게 말하였다.

"모(주자)는 일생동안 이 문자文字만을 보아 전현前賢이 아직 이르지 못한 부분을 투견透見할 수 있었다. 온공溫公(사마광, 1019~1086)이 《통감通鑑》을 짓고 '평생 정력이 이 책에 다 있다'라고 하였다. 모(나) 역시 《대학》에 있어서 이와 같이 하여 먼저 모름지기 이를 통달하고서야 비로소 다른 책을 읽을 수 있었다."

又曰:「某一生只看得這文字, 透見得前賢所未到處, 溫公作《通鑑》, 言:『平生精力盡在此書.』某於大學亦然. 先須通此, 方可讀他書.」

또 이렇게 말하였다.

"이천伊川선생이 지난날 사람을 가르침에 먼저 《대학》부터 보도록 하였다. 그 때에는 해설을 하지 않았는데 지금 주해註解가 있으니 대단히 분명하고 밝다고 느낄 수 있다. 다만 자세히 보는 데에 있을 뿐이다."

又曰:「伊川舊日教人, 先看大學. 那時未解說, 而今有註解, 覺大段分曉了, 只在仔細看.」

또 이렇게 말하였다.

"《대학》을 보는 데는 장章별로 이해해야 한다. 먼저 본문本文을 읽어 터득하고, 그 다음은 장구章句로서 본문을 풀이해야 한다. 또 혹문或問으로서 장구를 참고하여 모름지기 하나씩 기억시키고, 반복하여 심구尋究하여 그것이 젖어들기를 기다리되 이미 단락별로 알았다면 통틀어 온심溫尋해야 한다."

又曰:「看大學, 且逐章理會, 先將本文念得, 次將章句來解本文. 又將或問來參章句, 須逐一令記得, 反覆尋究, 待他浹洽, 旣逐段曉得却統看溫尋過.」

또 이렇게 말하였다.

"《대학》이란 하나의 책은 정경正經이 있고, 장구章句가 있으며, 혹문或問이 있다. 골고루 보다보면 혹문은 사용하지 않고 다만 장구만 보아도 된다. 오랜 시간이 지나면 다만 정경만 보아도 된다. 다시 오랜 시간이 지나면 저절로 한 권의 대학 책이 내 가슴속에 있어 정경조차 필요가 없게 된다. 그러나 모(나)의 허다한 공부를 활용하지 않으면 역시 보아도 그 사람의 것이 드러나지 않는 것이요, 성현의 허다한 공부를 활용하지 않으면 역시 본다 해도 그 성현의 것이 드러나지 않게 된다.”

又曰:「大學一書, 有正經, 有章句, 有或問. 看來看去, 不用或問, 只看章句便了; 久之, 又只看正經便了; 又久之, 自有一部大學在我胸中 而正經亦不用矣. 然不用某許 多工夫, 亦看某底不出, 不用聖賢許多工夫, 亦看聖賢 底不出.」

또 이렇게 말하였다.

“《대학》의 본문本文을 해석함에 상세하지 못한 것은 혹문或問에서 상세히 다루었다. 우선 처음부터 축구逐句식으로 이해하되 통하지 못하는 곳에 이르게 되면 혹문을 보라. 이는 바로 주각註脚, 脚註과 같음의 주각이다.”

又曰:「大學解本文未詳者, 於或問中詳之. 且從頭逐 句理會, 到不通處, 却看或問, 乃註脚之註脚.」

○ 某解書不合太多, 又先准備學者, 爲他設疑說了. 所以致得學者看得容易了.

○ 모(주희)는 글을 풀이함에 너무 많은 것이 합당하지 못하다. 또한 먼저 배우는 자에게 준비(대비)하고자 그들을 위해 의문을 설정하여 설명하였다. 그래서 배우는 자가 쉽게 볼 수 있도록 하였다.

○ 人只說某說大學等不略說, 使人自致思. 此事大不然. 人之爲學, 只爭箇肯與不肯耳. 他若不肯向這裏, 略亦不解致思, 他若肯向此一邊, 自然有味, 愈詳愈有味.

○ 사람들은 단지 내가 《대학》을 해설하면서 사람들이 스스로 생각할 수 있도록 간략히 설명해야 함에도 그렇게 기다리지 못하였다고 말한다. 그러나 이는 전혀 그렇지 않다. 사람이 학문을 함에는 다만 즐겨 함과 즐겨 하지 않음의 다툼이 있을 뿐이다. 그가 만약 이곳으로 향하기를 즐겨 하지 않는다면 간략히 하였다 해도 역시 치사致思를 이해하지 못할 것이며, 그가 만약 이곳으로 향하고자 하기를 즐겨 한다면 자연히 흥미를 가지고 있어 상세하면 상세할수록 흥미를 갖게 될 것이다.

대
학

大學英宗（英祖）大王御製序

〈대학영종(영조) 대왕어제서大學英宗(英祖)大王御製序〉

朝鮮, 英祖大王

(丁酉字本《大學》에 의함)

　무릇 삼대三代의 흥성한 시대에는 상서학교庠序學校를 세워 사람을 가르쳤다. 이는 바로 《예기禮記》에 이른바 "집에는 숙塾이 있고, 당黨에는 상庠이 있으며, 주州에는 서序가 있고, 국國에는 학學이 있다"*라고 한 것이다. 그러므로 사람이 태어나서 여덟 살이 되면 모두가 소학小學에 들어가며, 대학大學, 太學에는 천자天子의 원자元子·중자衆子 및 공公·경卿·대부大夫·원사元士의 적자適子와 일반 백성의 준수俊秀한 자가 어린아이로 성장하게 되면 모두가 입학하게 된다.* 그러니 가히 중요하지 않겠는가?

　夫三代盛時, 設庠序學校而敎人. 此正禮記所云:「家有塾, 黨有庠, 州有序, 國有學」者也. 故人生八歲, 皆入小學, 於大學則天子之元子, 衆子, 以至公·卿·大夫·元士之適子與凡民之俊秀者, 及其成童, 皆入焉. 可不重歟?

【三代】 중국 고대 夏(禹)·殷(湯)·周(文王, 武王, 周公)를 말함. 聖人이 다스렸던 시기라 하여 儒家에서 매우 중시하며 거론하는 시대.

【庠序學校】 모두 고대의 학교 이름.《禮記》學記 및《孟子》참조.《孟子》滕文公上(049. 5-3)에 「設爲庠序學校以敎之: 庠者, 養也; 校者, 敎也; 序者, 射也. 夏曰校; 殷曰序; 周曰庠; 學則三代共之, 皆所以明人倫也」라 함.

*《禮記》學記의 구절. 원문은「古之敎者, 家有塾, 黨有庠, 術有序, 國有學.」이라 하였으며, 鄭玄의 주에 「古者仕焉而已者, 歸敎於閭里, 朝夕坐於門, 門側之堂謂之塾」이라 함. 한편 五百家를 黨이라 하며 術은 遂와 같고 一萬二千五百家를 遂라 함.

* 이는 朱熹의 《大學》序文의 구절을 인용한 것임.

《대학大學》책에는 삼강三綱이 있으니 명명덕明明德이요, 신민新民이요, 지어지선止於至善이다. 그리고 팔조목八條目이 있으니 격물格物, 치지致知, 성의誠意, 정심正心, 수신修身, 제가齊家, 치국治國, 평천하平天下이다. 차례가 정정井井하고, 조리가 방방方方하다. 그 학문의 도는 자양紫陽 주부자朱夫子, 朱熹의 서문序文에 자세히 갖추어져 있으니 나의 천멸賤蔑한 학문으로 어찌 감히 한마디라도 더 보탤 것이 있겠는가? 그러나 이 책과《중용中庸》은 서로 표리를 이루어, 차례와 조리가 이처럼 명료한데도 배우는 자가 오히려 책은 책 그대로요, 나는 나 그대로이니, 가히 탄식을 이겨낼 수 있겠는가?

大學之書有三綱焉: 曰明明德, 曰新民, 曰止於至善也. 有八條目焉: 曰格物, 曰致知, 曰誠意, 曰正心, 曰修身, 曰齊家, 曰治國, 曰平天下也. 次序井井, 條理方方. 其學問之道, 紫陽朱夫子序文詳備, 以予蔑學何敢加一辭? 然是書與中庸相爲表裏, 次序條理若是瞭然, 而學者其猶書自書我自我, 可勝歎哉!

【井井】차례가 井然한 모습. 첩어.

【方方】가지런하고 方正함. 첩어.

【紫陽】주희를 지칭함. 원래 安徽省 歙縣 紫陽山 북쪽에 있던 書院. 南宋 초
주희의 아버지인 朱松이 독서하던 곳으로, 주희가 아버지의 뜻을 기리기 위하여
자신의 서실을 紫陽이라 하였으며, 뒤에 흡현 관청에서 서원으로 보수하여
주희의 위패를 봉안하였음.

【朱夫子】朱는 朱熹, 夫子는 선생님을 높여 부르는 말.

【蔑】자신의 학문을 낮추어 한 말로 '천멸하다'로 풀이하였음.

【書自書我自我】주희의 〈讀大學法〉의 구절을 인용한 것.

아! 명덕明德이 어디에 있겠는가? 바로 내 하나의 마음에 있다. 명덕을
밝히는明明德 공부는 어디에 있겠는가? 역시 바로 내 한마음에 있는
것이다. 만약 능히 진실로 공부를 한다면 바로 안자顔回가 말한 바
"순임금은 어떤 사람이며, 나는 어떤 사람인가?"*라는 것과 같다.

噫! 明德在何? 卽在我一心, 明明德之工在何? 亦在我一心,
若能實下工夫, 正若顔子所云:「舜何人, 余何人?」者也.

*《孟子》滕文公 上(047, 5-1)에 있는 말.「顔淵曰:『舜何人也? 予何人也? 有爲
者亦若是.』公明儀曰:『文王我師也, 周公豈欺我哉?』」라 함

삼대 이후에 사도師道가 아래로 떨어지고, 학교學校가 부흥하지
못하여 능히 쇄소지교灑掃之敎가 실행되지 못하였다. 그 때문에 근해筋骸
가 이미 강해졌음에도 이욕利欲이 그 가운데에서 교차하여, 나에게
있는 명덕이 스스로 밝아질 수가 없었다. 이미 격치格物, 致知를 할
수 없으니 다시 어찌 성의誠意로써 할 수 있겠는가? 이미 정심正心을

할 수 없으니 다시 어찌 수신修身을 할 수 있겠는가? 격치(격물, 치지)를 능히 하지 못하여 의성意誠·심정心正·가제家齊·국치國治가 될 수 없으니, 그 무엇을 희망하겠는가? 그 무엇을 희망하겠는가?

三代以後, 師道在下, 學校不興, 莫能行灑掃之教. 故筋骸 已强, 利欲交中, 在我之明德不能自明, 旣不能格致, 又何以 誠意? 旣不能正心, 又何以修身? 不能格致, 不能誠正家齊 國治, 其何望哉? 其何望哉?

【灑掃之教】小學의 기본 교육 덕목(課程) 중의 하나. 물뿌리고 청소하는 일. 주희의 《小學》 참조.
【筋骸】 신체적인 성장을 뜻함.
【利欲】 利慾과 같음. 이익과 욕심.

나는 19살에 비로소 《대학》을 읽었고, 29세에 학문에 들게 되었다. 다시 이 책을 강講하면서 스스로 돌아보건대 그 행동이 역시 책은 책 그대로요, 나는 나 그대로이니, 마음에 항상 부끄럽게 느꼈다.

予於十九歲始讀大學, 二十九歲入學也. 又講此書, 而自 顧其行其亦書自我自, 心常忸焉.

【忸】 부끄럽다의 뜻. '뉴'으로 읽음.

63세에 비로소 명륜당明倫堂에서 배우기를 시작하여 먼저 서문을 읽고, 이어서 시강관侍講官 및 유생儒生으로 하여금 차례로 강하게 하였는데, 그날이 바로 갑자일甲子日이었다. 주부자가 서문을 쓴 그날과 우연히 똑같았던 것이다. 날짜는 비록 같았지만, 그 공효功效는 더욱 아득하니 또한 절실히 부끄러웠다.

六十三, 始學明倫堂也, 先讀序文, 仍令侍講官及儒生, 次第以講, 其日卽甲子也. 與朱夫子作序文之日, 偶然相符, 日雖相符, 功效愈邈, 又切靦然.

【甲子日】 朱熹의《대학》서문에 「淳熙 己酉(1198) 二月 甲子」라고 밝힌 날짜를 말함.
【功效】 功能과 效用. 결과의 활용을 뜻함.
【靦】 '부끄럽다'의 뜻. '전'으로 읽음.

망칠(望七, 61세)이 되던 해, 삼강三講을 행하던 일을 추모함을 계기로, 나를 반약反約을 취하고자 함에《중용》으로써 하기로 하고, 순환循環하며 강하기로 하였다. 경연관經筵官의 요청에 의해 뒤이어 이 책(大學)을 강하면서, 이 때부터 이후로는《중용》과《대학》을 차례로 번갈아 강하게 되었다. 어릴 때에는 이를 강하면서도 그 공효를 미처 발견하지 못하였다. 그런데 모년暮年에서야 거듭 강하게 되었으니, 무슨 바람이 있겠는가? 공효는 더욱 안타까운 것일 뿐이다.

望七之年, 因追慕行三講而欲取反約以中庸, 循環以講, 因經筵官之請, 繼講此書, 自此以後, 庸學將輪回以講, 少時講此未見其效, 暮年重講其何望? 效尤爲慨然者.

【望七】70세를 바라보는 나이라는 말로 61세를 뜻함.
【追慕行三講】과거 세 번 시행하였던 講을 그리워하다의 뜻으로 봄.
【反約】돌이켜 자신을 檢束하고 묶어 謹愼을 꾀하고자 함을 뜻함.
【庸學】〈中庸〉과 〈大學〉을 함께 일컫는 말.
【暮年】老年과 같은 말.

　자양(주희)이 말하지 않았던가? "하나라도 그 성性을 극진히 하는 자가
있으면, 하늘은 반드시 이에게 명하여 억조億兆의 군사君師로 삼는다"*
라고. 나의 만학晚學과 양덕凉德에다가 이미 성의·정심의 공부도 없고,
또한 수신·제가의 공효도 없으며, 흰머리에다가 쇠모衰耗한 터에 이
책을 세 번이나 강하고 있으니, 어찌 스스로 부끄럽지 않겠는가?

　紫陽序文豈不云乎?「一有能盡其性者, 天必命之以爲
億兆君師.」以予晚學凉德, 旣無誠正之工, 亦無修齊之效,
而白首衰耗, 三講此書, 豈不自惡乎?

* 주희의 《대학》 서문의 구절을 인용한 것.
【晚學】영조 자신이 늦게 다시 《대학》과 《중용》을 공부하게 됨을 뜻함.
【凉德】자신의 덕이 모자란다고 낮추어 한 말.

　그러나 공성孔聖, 孔子은 온고이지신溫故而知新이라 하였다. 만약 능히
이를 근거로 나에게 새로운 앎이 있다면 어찌 큰 보탬이 있지 아니하겠
는가? 이에 서문을 지어 스스로 영대靈臺의 일을 힘쓰려 한다.

然孔聖云:「溫故而知新.」若能因此而知新於予, 豈不大有
益也哉? 仍作序文自勉靈臺.

【孔聖】 孔子를 성인으로 높이 부른 표현.
【溫故而知新】《논어》 위정편 027(2-11)의 구절.
【靈臺】《孟子》梁惠王 002(1-2)에《詩經》 구절을 인용하여 맹자가 주장한 것.
내용은 與民同樂을 권한 것임. 여기서는 자신이 덕치를 베풀기 위해 힘쓰겠다는
다짐을 뜻함.

무인년(1758년) 10월 갑인일에 서문을 쓰다.
(《洪武正韻》체로써 명하여 쓰게 하다.)

歲戊寅十月甲寅序.
(以洪武正韻體命書).

【戊寅年】 영조 34년, 1758년에 해당함.

대
학

大學 章句

〈대학大學〉 장구章句

大, 舊音泰, 今讀如字.

대大는 옛날에는 태泰로 읽었으나 지금은 글자 그대로 대大로 읽는다.

자정자子程子, 程頤는 이렇게 말하였다. "대학大學은 공씨孔氏, 孔子의 유서遺書로써 초학입덕初學入德하는 문이다. 지금에 고인古人의 학문學問하는 차례를 볼 수 있는 것은 오직 이 편(대학)의 남아 있음에 기댈 수밖에 없으며 《논어論語》,《맹자孟子》가 이의 다음 차례가 된다. 배우는 자는 반드시 이를 경유하여 배운다면 거의 오차가 없으리라."

> 子程子曰:「大學, 孔氏之遺書, 而初學入德之門也.
> 於今可見古人爲學次第者, 獨賴此篇之存, 而論·孟次之.
> 學者必由是而學焉, 則庶乎其不差矣.」

【子程子】程頤를 가리킴. 주자의 《大學》編定은 정이의 《대학》을 근거로 하였기 때문에 첫머리에 정이의 말을 인용하여 그 뜻을 밝힘 것임. 앞의 子는 존경의 뜻임. 한편 인용된 정자의 말을 「初學入德之門也」까지로 보고 뒤의

程顥(伊川先生)《三才圖會》 　　　　　 程顥(明道先生)《三才圖會》

말은 주자 자신의 말로 보는 견해도 있음.(臺灣師大 國文系 四書敎學硏討會 編
《四書集註》)

【大學】 원래 《小戴禮記》의 편명. 宋 이전에는 단행본이 없었으며, 北宋 仁宗
天聖 8년에 進士 王拱宸에게 《大學》을 하사하였다는 기록이 있어, 이것이
처음의 단행본이 아닌가 여김. 그 뒤 二程(程顥, 程頤)이 각각 《대학》의
차례를 정하여 두 가지의 定本이 있었으며, 다시 南宋 淳熙 연간에 朱熹가
이를 근거로 經과 傳의 章句를 만들어 정리하고, 《禮記》 속의 《中庸》을
취하여 《論語》, 《孟子》와 함께 四書로 묶어 당시까지의 여러 주석을 모아
《四書集註》본을 냈음.

【孔氏】 공자를 가리킴.

【論孟】 《論語》와 《孟子》.

經文 一章

大學之道

대학의 도는 덕을 밝힘(明明德)에 있으며, 백성을 새롭게 함(新民)에 있으며, 지극한 선에서 그치는(止於至善) 데에 있다.

그침을 알고 난 후라야 정定함이 있고, 정해진 후라야 능히 고요(靜)할 수 있으며, 고요한 뒤에야 능히 편안할 수 있으며, 편안해진 뒤에야 능히 사려(慮)함이 있을 수 있고, 사려한 뒤에라야 능히 얻을 수 있는 것이다.

물物에는 본말本末이 있고, 사事에는 종시終始가 있으니, 선후先後 되는 바를 알면 도道에 가까이하는 것이다.

옛날에 천하에 명덕을 밝히고자 했던 자는 먼저 그 나라를 다스렸고, 그 나라를 다스리고자 했던 자는 먼저 그 집안을 가지런히 하였으며, 그 집안을 가지런히 하고자 했던 자는 먼저 그 자신을 수양하였으며, 그 자신을 수양하고자 했던 자는 먼저 그 마음을 바르게 하였으며, 그 마음을 바르게 하고자 했던 자는 먼저 그 뜻을 성실히 하였으며, 그 뜻을 성실히 하고자 하는 자는 먼저 그 앎을 이루었으니, 앎을 이루는 것은 격물格物에 있는 것이다.

격물한 이후에야 앎이 이르게 되고, 앎이 이르고 나서야 뜻이 성실하게 되며, 뜻이 성실해지고 나서야 마음이 바르게 되며, 마음이 바르게 되고 나서야 자신이 수양되며, 자신이 수양되고 나서야 집안이 가지런 해지며, 집안이 가지런해지고 나서야 나라가 다스려지며, 나라가 다스려 지고 나서야 천하가 평안해진다.

천자로부터 서인에 이르기까지 일체가 모두 수신으로써 본을 삼는다. 그 본이 어지러우면서도 말末이 다스려지는 경우란 없으며, 그 후하게 할 바에 박하게 하였는데도, 그 박하게 할 바에 후하게 함이란 있지 않다.

大學之道, 在明明德, 在新民, 在止於至善.㊀

知止而后有定, 定而后能靜, 靜而后能安, 安而后能慮, 慮而后能得.㊁

物有本末, 事有終始, 知所先後, 則近道矣.㊂

古之欲明明德於天下者, 先治其國; 欲治其國者, 先齊其家; 欲齊其家者, 先脩其身; 欲脩其身者, 先正其心; 欲正其心者, 先誠其意; 欲誠其意者, 先致其知; 致知在格物.㊃

物格而后知至, 知至而后意誠, 意誠而后心正, 心正而后身脩, 身脩而后家齊, 家齊而后國治, 國治而后天下平.㊄

自天子以至於庶人, 壹是皆以脩身爲本.㊅

其本亂而末治者否矣, 其所厚者薄, 而其所薄者厚, 未之有也!㊆

【大學】《禮記》大學 疏에 鄭玄의 目錄을 인용하여「名曰大學者, 以其記博學可以 爲政也. 此大學之篇, 論學成之事. 能治其國, 章明其德於天下, 卻本明德所由, 先從誠意爲始」라 하였다.

【明明德】明德을 밝힘. 明德은 天賦靈明의 德性으로 봄.

【新民】원본은 親民(백성을 친히 하다). 程子가 親은 新으로 보아야 한다는 주장 이래 대체로 이를 따름.

【后】後와 같음.

【致知】王陽明은「致知云者, 致吾心之良知焉耳」라 함.

【格物】王陽明은「物者, 事也. 凡意之所發, 必有其事, 意所有之事, 謂之物. 格, 正也. 正其不正以歸於正之謂也. 正其不正者, 去惡之謂也. 歸於正者, 爲善之謂也. 夫是之謂格」이라 하였다.

◉ 諺 解

陶山本　　　（앞 부분 落帳）

物(믈)이 格(격)흔 后(후)에 知(디)ㅣ 至(지)ᄒ고 知(디)ㅣ 至(지)흔 后(후)에 意(의)ㅣ 誠(셩)ᄒ고 意(의)ㅣ 誠흔(셩) 后(후)에 미옴이 正(졍)ᄒ고 미옴이 正(졍)흔 后(후)에 몸이 닷고 몸이 닷ᄀᆫ 后(후)에 집이 ᄀᆞ족ᄒ고 집이 ᄀᆞ족흔 后(후)에 나라히 다ᄉᆞᆯ고 나라히 다ᄉᆞᆫ 后(후)에 天下(텬하)ㅣ 平(평)ᄒᆞᄂᆞ니라

天子(텬ᄌᆞ)로브터 ᄡᅥ 庶人(셔인)에 니르히 ᄒᆞᆫ글ᄀᆞ티 다 몸 닷ᄀᆞᄆᆞ로ᄡᅥ 本(본)을 삼ᄂᆞ니라

그 本(본)이 亂(란)ᄒᆞ고 末(말)이 다ᄉᆞᆯ 者(쟈)ㅣ 否(부)ᄒᆞ며 그 厚(후)홀 바애 薄(박)ᄒᆞ고 그 薄(박)홀 바애 厚(후)ᄒᆞ리 잇디 아니ᄒᆞ니라

栗谷本　　大學(대혹)의 道(도)ᄂᆞᆫ 明德(명덕)을 明(명)호매 이시며 民(민)을 新(신)호매 이시며 至善(지션)의 止(지)호매 잇ᄂᆞ니라

止(지)를 안 后(후)애 定(뎡)호미 이실 디니 定(뎡)흔 后(후)애 能(능)히 靜(졍)ᄒᆞ고 靜(졍)흔 后(후)애 能(능)히 安(안)ᄒᆞ고 安(안)흔 后(후)애 能(능)히 慮(려)ᄒᆞ고 慮(려)흔 后(후)애 能(능)히 得(득)홀 디니라

物(믈)이 本(본)과 末(말)이 잇고 事(ᄉ)ㅣ終(죵)과 始(시)ㅣ이시니 몬져ᄒᆞ며 후에 홀 바를 알면 道(도)의 갓가오리라

네 明德(명덕)을 天下(텬하)의 明(명)코져 ᄒᆞᄂᆞᆫ 者(쟈)ᄂᆞᆫ 몬져 그 國(국)을 治(티)ᄒᆞ고 그 國(국)을 治(티)코져 ᄒᆞᄂᆞᆫ 者(쟈)ᄂᆞᆫ 몬져 그 家(가)를 齊(졔)ᄒᆞ고 그 家(가)를 齊(졔)코져 ᄒᆞᄂᆞᆫ 者(쟈)ᄂᆞᆫ 몬져 그 身(신)을 脩(슈)ᄒᆞ고 그 身(신)을 脩(슈)코져 ᄒᆞᄂᆞᆫ 者(쟈)ᄂᆞᆫ 몬져 그 心(심)을 正(졍)ᄒᆞ고 그 心(심)을 正(졍)코져 ᄒᆞᄂᆞᆫ 者(쟈)ᄂᆞᆫ 몬져 그 意(의)를 誠(셩)ᄒᆞ고 그 意(의)를 誠(셩)코져 ᄒᆞᄂᆞᆫ 者(쟈)ᄂᆞᆫ 몬져 그 知(디)를 致(티)ᄒᆞ니 知(디)를 致(티)호믄 物(믈)을 格(격)호매 잇ᄂᆞ니라

物(믈)이 格(격)흔 后(후)애 知(디)ㅣ至(지)ᄒᆞ고 知(디)ㅣ至(지)흔 后(후)애 意(의)ㅣ誠(셩)ᄒᆞ고 意(의)ㅣ誠흔(셩) 后(후)애 心(심)이 正(졍)ᄒᆞ고 心(심)이 正(졍)흔 后(후)애 身(신)이 脩(슈)ᄒᆞ고 身(신)이 脩(슈)흔 后(후)애 家(가)ㅣ齊(졔)ᄒᆞ고 家집(가)ㅣ齊(졔)흔 后(후)애 國(국)이 治(티)ᄒᆞ고 國(국)이 治(티)흔 后(후)애 天下(텬하)ㅣ平(평)홀 디니라

天子(텬ᄌᆞ)로브터 뻐 庶人(셔인)의 니르히 흔글ᄀᆞ티 다 身(신)을 脩(슈)호ᄆᆞ로뻐 本(본)을 스믈 디니라

그 本(본)이 亂(란)코 末(말)이 治(티)홀 者(쟈)ㅣ업스며 그 厚(후)홀 바의 薄(박)고 그 薄(박)홀 바의 厚(후)ᄒᆞ리 잇디 아니니라

◆ 集註

經-一

程子曰:「親, 當作新.」

○ 大學者, 大人之學也. 明, 明之也. 明德者, 人之所得乎天, 而虛靈不昧, 以具衆理而應萬事者也. 但爲氣稟所拘, 人欲所蔽, 則有時而昏; 然其本體之明, 則有未嘗息者. 故學者當因其所發而遂明之, 以復其初也. 新者, 革其舊之謂也, 言旣自明其明德, 又當推以及人, 使之亦有以去其舊染之汚也. 止者, 必至於是而不遷之意. 至善, 則事理當然之極也. 言明明德・新民, 皆當至(止)於至善之地而不遷. 蓋必其有以盡夫天理之極, 而無一毫人欲之私也. 此三者, 大學之綱領也.

정자(程頤)가 말하였다. "親親民의 親은 마땅히 新이어야 한다."

○ 大學이란 大人의 학문이다. 明은 이를 밝힘이다. 明德이란 사람이 하늘로부터 받은 바로써, 虛靈하고 不昧하여 衆理를 구비하고 있으면서 萬事에 반응하는 것이다. 다만 氣稟에 얽매이거나 人欲(人慾)에 가리운 바가 되면 때때로 혼암하게 되기도 한다. 그러나 그 本體의 밝음은 일찍이 사라진 적이 없다. 그러므로 배우는 자는 그 발현되는 바를 근거로 하여 끝내 이를 밝히고, 그 처음을 회복하여야 한다. 新이란 옛것을 개혁함을 말한다. 이미 스스로 그 明德은 밝혔다면 다시 의당 남에게 미치도록 미루어 이로 하여금 역시 그 옛날 물들었던 더러움을 제거해야 함을 말한다. 止란 반드시 이에 이르러* 옮기지 않는다는 뜻이다. 至善은 事理의 당연함의 극치이다. 明明德·新民은 모두가 마땅히 至善의 경지에 이르러서 옮기지 않음을 말한다.

대체로 반드시 무릇 天理의 극을 극진히 함이 있어 털끝만큼의 人欲의 사사로움이 없는 것이다. 이 세 가지는 大學의 三綱領*이다.

經-㊁

后, 與後同, 後放此.

○ 止者, 所當止之地, 卽至善之所在也. 知之, 則志有定向. 靜, 謂心不妄動. 安, 謂所處而安. 慮, 謂處事精詳. 得, 謂得其所止.

后는 後와 같다. 뒤도 이와 같다.*

○ 止란 의당 그쳐야 할 바의 경지로, 바로 至善의 所在이다. 이를 알게 되면 志가 방향을 정함이 있게 된다. 靜이란 마음이 妄動하지 않음을 말하고, 安은 처하는 바에 편안히 함을 말하며, 慮는 일처리함이 정밀하고 상세함을 말하며, 得은 그 그칠 바를 얻음을 말한다.

* 放은 倣과 같다.

經-(三)

明德爲本, 新民爲末. 知止爲始, 能得爲終. 本始所先, 末終所後. 此結上文兩節之意.

明德은 本이되고 新民은 末이 된다. 知止는 始가 되고 能得은 終이 된다.
本과 始는 앞세워야 할 바이며, 末과 終은 뒤로 미루어야 할 바이다. 이는
윗글 두 구절의 뜻을 맺은 것이다.

經-(四)

治, 平聲, 後放此.
○「明明德於天下」者, 使天下之人皆有以明其明德也. 心者, 身之所主也. 誠,
實也. 意者, 心之所發也. 實其心之所發, 欲其一於善(其必自慊)而無自欺也. 致,
推極也. 知, 猶識也. 推極吾之知識, 欲其所知無不盡也. 格, 至也. 物, 猶事也.
窮至事物之理, 欲其極處無不到也. 此八者, 大學之條目也.

治는 平聲이며 뒤도 이와 같다.
○「明明德於天下」란 천하 사람으로 하여금 모두가 그 명덕을 밝힘이 있도록
하는 것이다. 心이란 몸의 주재하는 바이다. 誠은 實이다. 意란 마음이 발현되는
바이다. 그 마음의 발현되는 바를 성실히 하여 善에 한결같이 하여, 스스로
속임이 없고자 하는 것이다. 致란 지극함을 미루어 보는 것이다. 知는 誠과
같다. 나의 知誠을 지극한 곳까지 미루어 그 아는 바를 극진히 하지 않음이
없고자 하는 것이다. 格은 至이며 物은 事와 같다. 사물의 이치에 끝까지 이르러
그 지극한 곳에 이르지 않음이 없도록 하고자 함이다. 이 여덟 가지 格物,
致知, 誠意, 正心, 修身, 齊家, 治國, 平天下는 大學의 八條目이다.

 *『其一於善』은 다른 본에는 『其必自慊』(반드시 스스로 만족히 여겨)으로 되어
있다.

經-五

治, 去聲, 後放此.

○ 物格者, 物理之極處無不到也. 知至者, 吾心之所知無不盡也. 知旣盡, 則意可得而實矣, 意旣實, 則心可得而正矣. 脩身以上, 明明德之事也. 齊家以下, 新民之事也. 物格知至, 則知所止矣. 意誠以下, 則皆得所止之序也.

治는 去聲이며 뒤도 이와 같다.

○ 格物이란 物理의 지극함에 이르지 않음이 없는 것이다. 知至란 내 마음의 아는 바가 극진하지 않음이 없는 것이다. 앎이 이미 극진하다면 뜻은 가히 얻어 성실할 수가 있으며, 뜻이 이미 성실하다면 마음이 가히 얻어 바르게 될 수 있다. 脩身 이상은 명덕을 밝히는 일이요, 齊家 이하는 백성을 새롭게 하는 일이다. 物格과 知至는 그칠 바를 아는 것이요, 意誠 이하는 모두가 그칠 바를 얻는 순서이다.

經-六

壹是, 一切也. 正心以上, 皆所以脩身也. 齊家以下, 則擧此而措之耳.

壹是는 一切이다. 正心 이상은 모두가 脩身해야 할 바의 것이며, 齊家 이하는 이를 들어서 조치해야 할 것들일 뿐이다.

經-七

本, 謂身也. 所厚, 謂家也. 此兩節結上文兩節之意.

本은 자신을 말한다. 후히 할 바란 집(家)을 일컫는다. 이 두 구절은 윗글 두 구절의 뜻을 맺은 것이다.

이상은 경經의 한 장章으로 대체로 공자孔子의 말을 증자曾子, 曾參가 기술한 것이다. 그리고 전문傳文 10장은 증자의 뜻을 그 문인門人이 기록한 것이다. 구본舊本은 자못 착간錯簡이 많아 지금(程子, 程頤)의 정한 바에 근거하고, 다시 경문經文을 상고하여 구별하여 왼쪽(다음, 아래)과 같이 차례를 정하였다.

> 右經一章, 蓋孔子之言, 而曾子述之.㊀ 其傳十章, 則曾
> 子之意而門人記之也. 舊本頗有錯簡, 今因程子所定,
> 而更考經文, 別爲序次如左.㊀

【右】 옛날 책은 右綴로 제본하여 여기서의 오른쪽이란 앞쪽을 가리킨다. 따라서 이는 "이상은"은 "앞의 내용은"이라는 뜻이다. 따라서 뒤의 "左"는 역시 '다음은'의 뜻이다.

【經一章】 經은 孔子의 말이라는 뜻이다. 《博物志》에 「聖人制作曰經, 賢者著述 曰傳」이라 하였다. 《大學》에서 이 첫장은 공자의 말이라 하여 經이 되며, 이하 10장은 曾子의 풀이로써 傳이 된다.

【曾子】 춘추시대 魯나라 武城人으로 이름은 參, 자는 子輿. 공자 제자 중의 大賢. 효로 이름이 높아 《孝經》18편을 지은 것으로 알려져 있다.

【傳十章】 《대학》의 傳 10장은 曾子가 공자의 經을 풀이하고, 증자의 門人이 기록한 것으로 보아 傳으로 명명한 것이다.

【錯簡】 고대 竹簡, 木簡이 시간이 지나 끈(韋編)이 끊어져 차례가 뒤엉킨 경우를 말한디.

㊀ 凡二百五字

모두 205자(공자의 말을 증자가 기술한 것)이다.

㉒ 凡千五百四十六字.

○ 凡傳文, 雜引經傳, 若無統紀, 然文理接續, 血脈貫通, 深淺始終, 至爲精密. 熟讀詳味, 久當見之, 今不盡釋也.

모두 1천5백46자(증자의 뜻을 문인이 기록한 것)이다.

○ 무릇 傳文은 經과 傳*에서 잡다하게 인용하여 마치 계통이나 紀綱이 없는 듯 하지만, 문리가 접속되고 혈맥이 관통하여, 深淺과 終始가 지극히 정밀하다. 깊이 읽어 자세히 음미하여 오래하면, 당연히 이것이 드러날 것이므로 지금 자세히 풀이하지 않는다.

* 經은 六經, 傳은 그 경을 傳述한 기록들. 예로 春秋三傳 등을 말한다.

傳文 第一章
釋「明明德」

강고康誥에 "능히 덕을 밝힌다"라 하였다.
태갑大甲, 太甲에는 "이 하늘의 밝은 명命을 돌아본다"라 하였다.
제전帝典에는 "능히 높은 덕을 밝힌다"라 하였다.
모두가 스스로 밝히는 것이다.

> 康誥曰:「克明德.」㊀
>
> 大甲曰:「顧諟天之明命.」㊁
>
> 帝典曰:「克明峻德.」㊂
>
> 皆自明也.㊃

【康誥】《書經》周書의 편명.
【大甲】《書經》商書의 편명. 大는 太, 泰와 같음.
【諟】是의 古字. '시'로 읽는다.
【帝典】帝堯의 典, 즉 堯典을 말함.《書經》虞書의 편명.

大學第一章 篆刻作品. 平人 宋東鈺(현대)

陶山本
康誥(강고)애 글오듸 능히 德(덕)을 불키다 ᄒ며
太甲(태갑)애 글오듸 이 하ᄂᆞᆯ 불근 命(명)을 顧(고)ᄒ다 ᄒ며
帝典(뎨뎐)애 글오듸 능히 큰 德(덕)을 불키다 ᄒ니
다 스스로 불키미니라

栗谷本
康誥(강고)의 글오듸 德(덕)을 克(극)히 明(명)ᄒ다 ᄒ고
太甲(태갑)의 글오듸 이 天(텬)의 明(명)ᄒᆞᆫ 命(명)을 顧(고)ᄒ다 ᄒ고
帝典(뎨뎐)의 글오듸 峻(쥰)ᄒᆞᆫ 德(덕)을 克(극)히 明(명)ᄒ다 ᄒ니
다 스스로 明(명)ᄒ미니라

◆ 集註

001-㈠

康誥, 周書. 克, 能也.

康誥는 《尙書》의 周書이다. 克은 能이다.

001-㈡

大, 讀作泰. 諟, 古是字.
○ 大甲, 商書. 顧, 謂常目在之也. 諟, 猶此也. 或曰審也. 天之明命, 卽天之所以與我,
而我之所以爲德者也. 常目在之, 則無時不明矣.

大는 泰로 읽는다. 諟는 是의 古字이다.
○ 大甲(太甲)은 《書經》의 商書이다. 顧는 항상 눈이 거기에 있음을 말한다.
諟는 此와 같으며 혹은 살피다(審)라고도 한다. 天之明命이란 바로 하늘이 나에게
준 바로써 내가 이를 덕으로 삼는 것이다. 항상 눈이 거기에 있다면 어느
때이건 밝지 않음이 없는 것이다.

001-㈢

峻, 書作俊.
○ 帝典, 堯典, 虞書. 峻, 大也.

峻은 《書經》에는 俊으로 되어 있다.
○ 帝典은 堯典이며 《書經》의 虞書이다. 峻은 大이다.

001-㈣

結所引書, 皆言自明己德之意.

인용한 바의 《書經》을 인용하여 맺은 것으로, 모두가 스스로 자기의 덕을
밝힌다는 뜻이다.

右傳之首章. 釋明明德.㊀

이상은 전傳의 첫 장으로 '명명덕明明德'을 풀이한 것이다.

㊀ 此通下三章至「止於信」, 舊本誤在「沒世不忘」之下.

여기부터 아래 3장의 「止於信」에 통틀어 舊本에는 잘못하여 「沒世不忘」 아래에
두었다.

傳文 第二章

釋「新民」

탕湯의 〈반명盤銘〉에는 "진실로 날마다 새롭고, 날마다 날마다 새롭게 하며 다시 또 날마다 새롭게 하라"라 하였다.

〈강고康誥〉에는 "새로운 백성으로 진작시켜라"라 하였다.

《시詩》에는 "주나라가 비록 오래된 나라이지만 그 사명은 새롭도다"라 하였다. 이 까닭으로 군자는 그 극진함을 쓰지 않음이 없는 것이다.

湯之盤銘曰：「苟日新, 日日新, 又日新.」㊀
康誥曰：「作新民.」㊁
詩曰：「周雖舊邦, 其命惟新.」㊂
是故君子無所不用其極.㊃

【湯】成湯. 商(殷)나라 개국 임금. 설(契)의 후예로 子姓이며 이름은 履, 혹은 天乙. 처음 박(亳)에 도읍을 정하여 夏方伯에 봉해짐. 夏나라 桀王의 무도함을 정벌하고 걸을 南巢로 추방함. 재위 30년.

【盤銘】銅盤에 새긴 명문. 盤은 목욕에 쓰는 그릇이라 함. 《禮記》大學 疏에 「湯之盤銘者, 湯沐浴之盤, 而刻銘爲戒心於沐浴之盤者, 戒之甚也」라 함. 그러나 盤은 목욕하는 그릇이 아니라, 세수하는 관반(盥盤, 盥槃)으로 보는 견해가 타당함.

【周雖舊邦, 其命惟新】惟新은 維新과 같음. 后稷이 세운 周나라는 文王에 이르러 이미 1천 년이나 되었지만, 德治를 폄으로써 문왕의 부여받은 天命은 오히려 새롭다는 뜻. 《詩經》大雅 文王篇의 구절임.

◉ 諺 解

陶山本　　湯(탕)의 盤(반)ㅅ銘(명)애 글오듸 진실로 나래 새롭거든 나날 새로이 ᄒ고 ᄯᅩ 날로 새로이 ᄒ라 ᄒ며
康誥(강고)애 글오듸 새롭ᄂᆞᆫ 民(민)을 作(작)ᄒ라 ᄒ며
詩(시)예 글오듸 周(쥬)ㅣ 비록 녯 나라ᄒ나 그 命(명)이 새롭다 ᄒ니
이런 故(고)로 君子(군ᄌᆞ)ᄂᆞᆫ 그 極(극)을 ᄡᅳ듸 아닐 배 업ᄂᆞ니라

栗谷本　　湯(탕)ㅅ盤銘(반명)의 글오듸 진실로 늘애 新(신)ᄒ거든 나날 新(신)ᄒ며 ᄯᅩ 날로 新(신)ᄒ라 ᄒ고
康誥(강고)의 글오듸 新(신)ᄒᄂᆞᆫ 民(민)을 作(작)ᄒ라 ᄒ고
詩(시)예 글오듸 周(쥬)ㅣ 비록 녯 나라ᄒᄂᆞᆫ 그 命(명)이 新(신)ᄒ다 ᄒ니
이런 故(고)로 君子(군ᄌᆞ)ᄂᆞᆫ 그 極(극)을 ᄡᅳ듸 아닐 배 업스니라

◈ 集註

002-㊀

盤, 沐浴之盤也. 銘, 名其器以自警之辭也. 苟, 誠也. 湯以人之洗濯其心以去惡, 如沐浴其身以去垢. 故銘其盤, 言「誠能一日有以滌其舊染之汙而自新, 則當因其已新者, 而日日新之, 又日新之, 不可畧有閒斷也」.

盤은 목욕하는 盤이며, 銘은 그 그릇을 名하여 自警하는 말로 삼은 것이다. 苟는 誠(진실로)이다. 湯은 사람이 그 마음을 씻어 악을 제거하는 것은 마치 그 몸을 씻어 때를 제거하는 것과 같다고 여긴 것이다. 그러므로 그 반에 銘한 것이니 "진실로 능히 하루에 그 옛 물든 더러움을 씻어, 스스로 새로워짐이 있게 되면 의당 이미 새롭게 된 것을 근거로 날마다 날마다 새롭게 하고, 다시 날마다 새롭게 하여, 홀략히 중간에 끊어짐이 있어서는 안 된다"고 말한 것이다.

002-㊁

鼓之舞之之謂作, 言振起其自新之民也.

북치고 춤추고 하는 것(고무시킴)을 作이라 하며, 그 스스로 새롭게 되는 백성을 진작시키고 흥기시킴을 말한 것이다.

002-㊂

詩, 大雅文王之篇. 言「周國雖舊, 至於文王, 能新其德以及於民, 而始受天命也」.

《詩》는 大雅 文王篇이다. "周나라가 비록 오래된 나라이지만 文王에 이르러 능히 그 덕을 새롭게 하여 백성에게 미쳐서, 비로소 天命을 받았다"라고 말한 것이다.

002-㉃

自新新民, 皆欲止於至善也.

自新과 新民은 모두 止於至善을 하고자 함이다.

右傳之二章, 釋新民.

이상은 전전傳의 이장二章으로 '신민新民'을 풀이한 것이다.

傳文 第三章

釋「止於至善」

《시詩》에 "나라의 기내畿內 천리는 백성이 머물러 사는 곳이라네"라 하였다.

《시詩》에 "민만緡蠻하며 우는 꾀꼬리, 언덕 귀퉁이에 머물렀네"라 하였다.

공자孔子는 이를 두고 "그칠 곳에서 그칠 바를 알거늘 가히 사람으로서 새만도 못해서야 되겠는가?"라고 하였다.

《시詩》에 "목목穆穆하다, 문왕이여. 오於! 계속 밝혀 공경스럽게 멈추도다!"라 하였다. 임금이 되어서는 인仁에서야 그치고, 신하가 되어서는 경敬에서야 그치며, 아들이 되어서는 효孝에서야 그치며, 아버지가 되어서는 자慈에서야 그치며, 나라 사람과 사귐에는 신信에서야 그치는 것이다.

《시詩》에 "저 기수淇水 귀퉁이 쳐다보니 푸른 대나무 의의猗猗하네. 문채 나는 군자는 자르듯이 다듬듯이, 쪼듯이 갈 듯이, 엄밀하고 굳건하며, 드러나고 성대하네. 문채 나는 군자는 끝내 잊을 수 없네!"라 하였다. 여절여차如切如磋란 학문을 말함이요, 여탁여마如琢如磨란 스스로 수양

하는 것을 말한다. 그리고 슬혜한혜瑟兮僩兮란 두렵게 여김이요, 혁혜
훤혜赫兮喧兮란 위의威儀를 말함이요, 유비군자有斐君子 종불가훤혜終不可
諠兮란 성덕盛德과 지선至善을 백성이 잊지 못함을 말한 것이다.

《시詩》에 "아! 전왕前王을 잊지 못하네"라 하였는데, 이는 군자는
그 왕의 어짐을 어질게 여기고, 그 왕이 친히 해 줌을 친히 여기며,
소인은 그 왕이 친히 해 줌을 즐겁게 여기고, 그 왕이 이롭게 해 주었음
을 이롭게 여기는 것이니, 이로써 그가 세상을 떠났음에도 잊지 못한
다는 것이다.

　詩云:「邦畿千里, 惟民所止.」㊀
　詩云:「緡蠻黃鳥, 止于丘隅.」子曰:「於止, 知其所止,
可以人而不如鳥乎?」㊁
　詩云:「穆穆文王, 於緝熙敬止!」爲人君, 止於仁;
爲人臣, 止於敬; 爲人子, 止於孝; 爲人父, 止於慈; 與國
人交, 止於信.㊂
　詩云:「瞻彼淇澳, 菉竹猗猗. 有斐君子, 如切如磋,
如琢如磨. 瑟兮僩兮, 赫兮喧兮. 有斐君子, 終不可諠兮!」
如切如磋者, 道學也; 如琢如磨者, 自脩也; 瑟兮僩兮者,
恂慄也; 赫兮喧兮者, 威儀也; 有斐君子, 終不可諠兮者,
道盛德至善, 民之不能忘也.㊃
　詩云:「於戲前王不忘!」君子賢其賢而親其親, 小人
樂其樂而利其利, 此以沒世不忘也.㊄

【邦畿】국경, 천자의 통치가 미치는 1천 리 안을 王畿, 혹은 畿內라 함.

【緜蠻】새 울음소리를 音寫한 의성어. 雙聲聯綿語. 글자의 뜻과는 관련이 없음. 《詩經》에는 綿蠻(緜蠻)으로 되어 있음.

【恂慄】두려워하는 모습.

【於戲】감탄사. 於는 '오'로 읽음.

● 諺解

 詩(시)예 닐오딕 邦(방)ㅅ 畿(긔)ㅣ 千里(천리)여 民(민)의 止(지)ᄒᆞ연는 배라 ᄒᆞ니라

詩(시)예 닐오딕 緜蠻(면만)ᄒᆞ는 黃鳥(황됴)ㅣ여 丘隅(구우)에 止(지)타 ᄒᆞ야늘 子(ᄌᆞ)ㅣ 글ᄋᆞ샤딕 止(지)홈애 그 止(지)홀 바를 아도소니 可(가)히 뻐 사름이오 鳥(됴)만 곧디 몯ᄒᆞ랴

詩(시)예 닐오딕 穆穆(목목)ᄒᆞ신 文王(문왕)이여 於(오)ㅣ라 緝(즙)ᄒᆞ야 熙(희)ᄒᆞ야 敬(경)ᄒᆞ야 止(지)ᄒᆞ시다 ᄒᆞ니 人君(신군)이 도여는 仁(신)에 止(지)ᄒᆞ시고 人臣(신신)이 도여는 敬(경)에 止(지)ᄒᆞ시고 人子(신ᄌᆞ)ㅣ 도여는 孝(효)애 止(지)ᄒᆞ시고 人父(신부)ㅣ 도여는 慈(ᄌᆞ)애 止(지)ᄒᆞ시고 國人(국신)으로 더브러 交(교)ᄒᆞ시매는 信(신)에 止(지)ᄒᆞ더시다

詩(시)예 닐오딕 뎌 淇(기)ㅅ 澳(욱)을 본딕 菉竹(록듁)이 猗猗(의의)ᄒᆞ도다 斐(비)혼 君子(군ᄌᆞ)ㅣ여 切(졀)ᄐᆞᆺ ᄒᆞ고 磋(차)ᄐᆞᆺ ᄒᆞ며 琢(탁)ᄃᆞᆺ ᄒᆞ고 磨(마)ᄐᆞᆺ 혼 디라 瑟(슬)ᄒᆞ며 僩(한)ᄒᆞ며 赫(혁)ᄒᆞ며 喧(훤)ᄒᆞ니 斐(비)혼 君子(군ᄌᆞ)ㅣ여 ᄆᆞᄎᆞᆷ내 可(가)히 닛디 몯ᄒᆞ리로다 ᄒᆞ니 切(졀)ᄐᆞᆺ ᄒᆞ고 磋(차)ᄐᆞᆺ ᄒᆞ다 홈은 學(혹)을 닐옴이오 琢(탁)ᄃᆞᆺ ᄒᆞ고 磨(마)ᄐᆞᆺ ᄒᆞ다 홈은 스스로 닷금이오 瑟(슬)ᄒᆞ며 僩(한)ᄒᆞ다 홈은 恂慄(쥰률)홈이오 赫(혁)ᄒᆞ며 喧(훤)ᄒᆞ다홈은 威儀(위의)ㅣ오 斐(비)혼 君子(군ᄌᆞ)ㅣ여 ᄆᆞᄎᆞᆷ내 可(가)히 닛디 몯ᄒᆞ리로다 홈은 盛(셩)혼 德(덕)과 지극혼 善(션)을 民(민)의 能(능)히 닛디 몯홈을 니르니라

詩(시)예 닐오딕 於戲(오호)ㅣ라 前王(젼왕)을 닛디 몯ᄒᆞ리로다 ᄒᆞ니 君子(군ᄌᆞ)는 그 賢(현)ᄒᆞ샤믈 賢(현)히 너기며 그 親(친)ᄒᆞ샤믈 親(친)히 너기고 小人(쇼신)은 그 樂(락)게 ᄒᆞ샤믈 樂(락)히 너기며 그 利(리)케 ᄒᆞ샤믈 利(리)히 너기ᄂᆞ니 이 뻐 世(셰)ㅣ 沒(몰)ᄒᆞ야도 닛디 몯홈이니라

詩(시)예 닐오딕 邦(방)읫 畿(긔)ㅣ 千里(쳔리)여 民(민)의 止(지)
홀 배라 ᄒᆞ도다

詩(시)예 닐오딕 緡蠻(면만)ᄒᆞᄂᆞᆫ 黃鳥(황됴)ㅣ 丘隅(구우)에 止(지)타ᄒᆞ야ᄂᆞᆯ
子(ᄌᆞ)ㅣ ᄀᆞᆯᄋᆞ샤딕 止(지)홀 제 그 止(지)홀 바ᄅᆞᆯ 아ᄂᆞ소니 可(가)히 人(인)으로
ᄡᅥ 鳥(됴)만 곧디 몯홀 것가 ᄒᆞ시니라

詩(시)예 닐오딕 穆穆(목목)ᄒᆞ신 文王(문왕)이여 於(오)홉다 니워 熙(희)ᄒᆞ야
敬(경)ᄒᆞ고 止(지)ᄒᆞ시다 ᄒᆞ니 人君(인군)이 되얀 仁(인)의 止(지)ᄒᆞ시고
人臣(인신)이 되얀 敬(경)의 止(지)ᄒᆞ시고 人子(인ᄌᆞ)ㅣ 되얀 孝(효)의 止(지)
ᄒᆞ시고 人父(인부)ㅣ 되얀 慈(ᄌᆞ)의 止(지)ᄒᆞ시고 國人(국인)과 더브러 交(교)
ᄒᆞ매ᄂᆞᆫ 信(신)에 止(지)ᄒᆞ더시다

詩(시)예 닐오딕 뎌 淇澳(긔욱)을 본딕 菉(록)ᄒᆞᆫ 竹(듁)이 猗猗(의의)ᄒᆞ도다
斐(비)ᄒᆞᆫ 君子(군ᄌᆞ)ㅣ여 切(졀)ᄐᆞᆺ ᄒᆞ며 磋(차)ᄐᆞᆺ ᄒᆞ며 琢(탁)ᄃᆞᆺ ᄒᆞ며 磨(마)ᄐᆞᆺ
ᄒᆞ도다 瑟(슬)ᄒᆞ며 僩(한)ᄒᆞ며 赫(혁)ᄒᆞ며 喧(훤)ᄒᆞᆫ 디라 斐(비)ᄒᆞᆫ 君子(군ᄌᆞ)
ㅣ여 ᄆᆞᄎᆞᆷ내 可(가)히 닛디 몯ᄒᆞ리로다 ᄒᆞ니 切(졀)ᄐᆞᆺ 磋(차)ᄐᆞᆺ 호ᄆᆞᆫ 學(혹)을
닐오미오 琢(탁)ᄃᆞᆺ 磨(마)ᄐᆞᆺ 호ᄆᆞᆫ 스스로 脩(슈)호미오 瑟(슬)ᄒᆞ며 僩(한)호ᄆᆞᆫ
恂慄(쥰률)호미오 赫(혁)ᄒᆞ며 喧(훤)호ᄆᆞᆫ 威儀(위의)오 斐(비)ᄒᆞᆫ 君子(군ᄌᆞ)
ᄆᆞᄎᆞᆷ내 可(가)히 닛디 몯호ᄆᆞᆫ 盛(셩)ᄒᆞᆫ 德(덕)과 지극ᄒᆞᆫ 善(션)을 民(민)이
能(능)히 닛디 몯호ᄆᆞᆯ 니ᄅᆞᄂᆞ니라

詩(시)예 닐오딕 於戲(오호)ㅣ라 前王(젼왕)을 닛디 몯ᄒᆞ리로다 ᄒᆞ니 君子
(군ᄌᆞ)ᄂᆞᆫ 그 賢(현)ᄒᆞ샤ᄆᆞᆯ 賢(현)히 너기며 그 親(친)ᄒᆞ샤ᄆᆞᆯ 親(친)히 너기시고
小人(쇼인)은 그 樂(락)게 ᄒᆞ샤ᄆᆞᆯ 樂(락)히 너기며 그 利(리)케 ᄒᆞ샤ᄆᆞᆯ 利(리)히
너기ᄂᆞᆫ 디라 이 ᄡᅥ 世(셰) 沒(몰)호딕 닛디 몯호미니라

◆ 集註

003-㊀

詩, 商頌玄鳥之篇. 邦畿, 王者之都也.
止, 居也. 言「物各有所當止之處也」.

《詩》는 商頌 玄鳥篇이다. 邦畿는 王者의 도읍이다.

止는 居이다. "물건은 각각 마땅히 그쳐야 할 곳이 있다"라고 말한 것이다.

003-㈡

緡, 詩作緜.

○ 詩, 小雅緡蠻之篇. 緡蠻, 鳥聲. 丘隅, 岑蔚之處.「子曰」以下, 孔子說詩之辭. 言:「人當知所當止之處也.」

緡은 詩에는 면(緜)으로 되어 있다.

○《詩》는 小雅 緡蠻篇이다. 緡蠻*은 새소리이다. 丘隅는 岑蔚(산이 깊고 울창함)한 곳이다.「子曰」이하는 공자가 시를 설명한 말이다. "사람은 마땅히 의당 그쳐야 할 곳을 알아야 한다"라고 말한 것이다.

    * 緡蠻은 雙聲聯綿語로 擬聲語이다.

003-㈢

於緝之於, 音烏.

○ 詩, 文王之篇. 穆穆, 深遠之意. 於, 歎美辭. 緝, 繼續也. 熙, 光明也. 敬止, 言其無不敬而安所止也. 引此而言聖人之止, 無非至善. 五者乃其目之大者也. 學者 於此, 究其精微之蘊, 而又推類以盡其餘, 則於天下之事, 皆有以知其所止而無疑矣.

於緝의 於는 음이 오(烏)이다.

○《詩》는 文王篇이다. 穆穆은 深遠하다는 뜻이다. 於(오)는 歎美辭이다. 緝은 繼續한다는 것이요, 熙는 光明의 뜻이다. 敬止는 공경하지 않음이 없어 그칠 바를 편안히 여김을 말한다. 이를 인용하여 성인의 그침이 至善이 아님이 없음을 말한 것이다. 다섯 가지는 바로 그 조목의 큰 것이다. 배우는 자가 여기에서 그 精微함의 蘊蓄을 궁구하고, 다시 類를 추측하여 그 나머지를 극진히 한다면 천하의 일에 있어서 모두가 그 그칠 바를 알아 의심함이 없게 될 것이다.

澳, 於六反. 菉, 詩作綠. 猗, 叶韻音阿. 僩, 下版反. 喧, 詩作咺. 諠, 詩作諼;
並況晚反. 恂, 鄭氏讀作峻.

○ 詩, 衛風淇澳之篇. 淇, 水名. 澳, 隈也. 猗猗, 美盛貌. 興也.

斐, 文貌. 切, 以刀鋸; 琢, 以椎鑿, 皆裁物使成形質也.

磋, 以鑢鐋鍚. 磨, 以沙石. 皆治物使其滑澤也. 治骨角者, 旣切而復磋之. 治玉石者,
旣琢而復磨之. 皆言其治之有緖, 而益致其精也.

瑟, 嚴密之貌. 僩, 武毅之貌. 赫·喧, 宣著盛大之貌. 諠, 忘也. 道, 言也. 學,
謂講習討論之事, 自脩者, 省察克治之功. 恂慄, 戰懼也. 威, 可畏也. 儀, 可象也.
引詩而釋之, 以明明明德者之止於至善. 道學·自脩, 言其所以得之之由. 恂慄·威儀,
言其德容表裏之盛. 卒乃指其實而歎美之也.

澳은 「於六反」(욱)이다. 菉은 《詩》에는 綠으로 되어 있다. 猗는 협운(叶韻)*으로
음이 아(阿)이다. 僩은 「下版反」(한)이다. 喧은 《詩》에는 咺으로 되어 있으며
諠은 《詩》에는 諼으로 되어 있으나 모두가 「況晚反」(훤)이다. 恂은 정씨(鄭玄)는
준(峻)으로 읽었다.

○ 《詩》는 衛風 기욱(淇澳)편이다. 淇는 물 이름이다. 澳은 모퉁이이다. 猗猗는
아름답고 풍성한 모습이다. 興이다.*

斐는 문채나는 모습이다. 切은 칼과 톱으로 하는 것이요, 琢은 망치와 鑿具(끌의
일종)로 하는 것이니, 모두가 물건을 재단하여 형질을 이루도록 하는 것이다.

磋는 줄과 대패로써 하고, 磨는 모래와 돌로써 하는 것으로 모두가 물건을
다듬어 그것이 매끄럽고 윤택이 나도록 하는 것이다. 骨角을 다듬는 자는 이미
끊고 나서 다시 이를 磋하고, 玉石을 다듬는 자는 이미 琢하고 나서 다시 이를
磨한다. 모두가 그 다스림의 순서가 있어 더욱 정교함에 이르게 됨을 말한다.

瑟은 嚴密한 모습이요, 僩은 武毅한 모습이다. 赫과 喧은 펴서 드러나는
성대한 모습이다. 諠은 忘이며, 道는 言이다. 學은 講習討論의 일을 일컬으며,
自脩란 省察하여 능히 다스리는 功力이다. 恂慄은 두려워함이며, 威는 가히
두려워할 만한 것이요, 儀는 가히 표상이 될 만함이다. 시를 인용하여 이를
풀이한 것으로 明明德하는 자의 止於至善을 밝힌 것이다. 道學과 自脩는 이를

얻게 되는 所以의 이유를 말한 것이다. 恂慄과 威儀는 德容과 表裏의 풍성함을 말한 것으로 끝에 그 실질을 지적하여 歎美한 것이다.

 * 叶韻이란 朱熹가 창안한 방법으로 《詩集傳》에서 당시(宋) 음으로 《詩經》을 읽어 押韻이 되지 않는 곳을 고쳐 읽어 운이 맞도록 하는 방법이다. 예로 行露篇의 「誰謂雀無角, 何以穿我屋? 誰謂女無家, 何以速我獄? 雖速我獄, 室家不足」에서 家를 「叶韻, 谷」이라 하여 角, 屋, 獄, 獄, 足과 같은 운이 되도록 읽는 것이다. 여기서도 猗를 阿로 읽어 子, 磋, 磨와 같은 운이 되도록 한 것이다.
 * 興은 詩의 六義인 風, 雅, 頌, 賦, 比, 興의 興을 말한다.

003-⑤

於戲, 音嗚呼. 樂, 音洛.
○ 詩, 周頌烈文之篇. 於戲, 歎辭. 前王, 謂文·武也. 君子, 謂其後賢後王. 小人, 謂後民也. 此言:「前王所以新民者止於至善, 能使天下後世無一物不得其所, 所以旣沒世而人思慕之, 愈久而不忘也.」此兩節咏歎淫泆, 其味深長, 當熟玩之.

 於戲는 음이 오호(嗚呼)이며 樂은 음이 락(洛)이다.
○《詩》는 周頌 烈文篇이다. 於戲는 歎辭이다. 前王은 文王, 武王을 일컫는다. 君子는 그 뒤의 어진 이와 그 뒤의 왕을 일컫는다. 小人은 그 뒤의 백성을 말한다. 여기서는 "전왕이 백성을 새롭게 한 것이 止於至善하여 능히 천하의 후세로 하여금 하나의 물건도 그 자리를 얻지 못함이 없도록 하였으니, 그 때문에 이미 세상을 떠나고 없음에도 사람들이 이를 사모하여 더욱 오랠수록 잊지 못한다"고 말한 것이다. 이 두 구절은 淫泆(즐거움이 넘침)을 咏歎한 것으로 그 맛이 深長하여 의당 깊이 완미해야 할 것이다.

右傳之三章. 釋止於至善.○

이상은 전문傳文의 3장으로 '지어지선止於至善'을 풀이한 것이다.

○ 此章內自引淇澳詩以下, 舊本誤在誠意章下.

　이 장 안의 기욱시(淇澳詩)로부터 그 이하는 舊本에는 잘못하여 誠意章(제6장) 아래에 있었다.

傳文 第四章

釋「本末」

　　공자孔子는 "송사訟事를 듣고 판결하는 일은 나도 남과 다를 것이
없지만 반드시라면 송사가 없도록 하련다!"*라고 하였다. 사실이 그렇지
않은 자는 그 말을 다하지 못한다. 백성의 뜻을 크게 두렵게 여기기
때문이니 이를 일러 지본知本이라 하는 것이다.

> 　　子曰:「聽訟, 吾猶人也, 必也使無訟乎!」無情者不得
> 盡其辭. 大畏民志, 此謂知本.㊀

*《論語》顏淵篇(291, 12-13)의 구절.
【聽訟】 송사를 듣고 판별하는 일.
【猶人】 남과 다르지 않다는 뜻.
【無情】 無實, 진정 그러한 사실이 없음.
【辭】 여기서는 거짓말을 뜻함.
【大畏民志】 윗 사람이 덕이 밝으면 자연히 백성이 이를 두렵게 여겨 복종하게
　　된다는 뜻.

子(즈) ㅣ 굴ㅇ샤디 訟(숑)을 드롬이 내 사룸과 ㄱ트나 반드시 흐여곰 訟(숑)이 업게 호린뎌 ㅎ시니 情(졍)업슨 者(쟈) ㅣ 시러곰 그 말ㅅ을 다ㅎ디 몯홈은 크게 民(민)의 뜯을 畏(외)케 홈이니 이 닐온 本(본)을 아롬이니라

子(즈) ㅣ ㄱᄅ샤디 訟(숑)을 聽드(텽)ㅎ기 내 人(인)ㄱᆺ트나 반드시 히여곰 訟(숑)을 업게 홀 딘뎌 ㅎ시니 情(졍)업슨 者(쟈) ㅣ 시러곰 그 辭(ᄉ)를 盡(진)티 몯호ᄆᆫ 크게 民(민)의 志(지)를 畏(외)케 호미니 이 닐온 本(본)을 알오미니라

◈ 集 註

004-㊀

猶人, 不異於人也. 情, 實也. 引夫子之言, 而言聖人能使無實之人不敢盡其虛誕之辭. 蓋我之明德旣明, 自然有以畏服民之心志, 故訟不待聽而自無也. 觀於此言, 可以知本末之先後矣.

猶人은 남과 다르지 않음이다. 情은 實이다. 夫子(공자)의 말을 인용하여 성인은 능히 사실이 그렇지 않은 사람으로 하여금 감히 허탄한 말을 다하지 못하게 함을 말한 것이다. 대체로 나의 明德이 이미 밝아졌다면 저절로 백성의 心志에 畏服함이 있게 된다. 그러므로 송사는 듣기를 기다리지 않아도 저절로 없게 된다. 이 말에서 보게 되면 本末의 先後를 가히 알 수 있다.

右傳之四章. 釋本末.㊀

이상은 전문傳文의 4장으로 '본말本末'을 풀이한 것이다.

㊀ 此章舊本誤在「止於信」下.

이 장은 舊本에는 잘못하여 「止於信」 다음에 있었다.

傳文 第五章

釋「格物 · 致知」

이를 일러 지본知本이라 한다.*
이를 일러 앎의 지극함知之至라 한다.*

此謂知本,㉠
此謂知之至也.㉡

* 程子는 이를 衍文으로 보았음.
* 朱子는 이 구절 앞에 闕文이 있으며 이는 다만 결론의 한 구절일 것이라고
  여겼음.

이 닐온 知(디)ㅣ 至(지)홈이니라

 이 닐온 知(디)의 至(지)호미니라

◈ 集註

005-㊀

程子曰:「衍文也.」

정자(程頤)는 「衍文」이라 하였다.

005-㊁

此句之上別有闕文, 此特其結語耳.

이 구절의 위에 따로 闕文이 있었으며, 이는
특별히 그의 結論 부분일 뿐이다.

"格物致知" 전각작품.
丘堂 呂元九 《丘堂印存》

右傳之五章, 蓋釋格物・致知之義, 而今亡矣.㊀

이상은 전문傳文의 5장으로 아마 '격물格物・치지致知'의 뜻을 풀이한
것일 것이나 지금은 사라지고 없다.

㊀ 此章舊本通下章, 誤在經文之下.

이 장은 舊本에는 아래 장과 통틀어 잘못하여 經文 아래에 있었다.

근간近間에 일찍이 정자程子의 뜻을 절취하여 다음과 같이 보충해 넣었다.

"소위 치지致知가 격물格物에 있다는 것은 나의 지知를 이루고자 함이란 물物에 즉응하여 그 이치를 궁구함에 있음을 말한다. 대체로 인심人心의 영묘함은 지知가 있지 않음이 없고, 천하의 물건은 이理를 가지고 있지 않음이 없으니, 오직 이치에 대해 궁구하지 않음이 있음으로 해서 그 까닭으로 그 지에 부진不盡함이 있는 것이다. 이로써 대학大學의 첫 가르침에는 반드시 배우는 자로 하여금 무릇 천하의 물건에 대해 즉응함에, 그 이미 알고 있는 이치를 근거로 더욱 궁구하여 그 궁극에 지극하도록 하지 않음이 없도록 하는 것이다. 용력用力의 오램에 이르러 하루아침에 활연히 관통하게 되면 중물衆物의 표리表裏와 정조精粗가 다다르지 못함이 없게 되어 내 마음의 전체全體와 대용大用이 밝아지지 못함이 없게 되는 것이다. 이를 일러 격물物格이라 하며 이를 일러 지지지知之至라 하는 것이다."*

閒嘗竊取程子之意以補之曰:「所謂致知在格物者, 言欲致吾之知, 在卽物而窮其理也. 蓋人心之靈莫不有知, 而天下之物莫不有理, 惟於理有未窮, 故其知有不盡也. 是以大學始敎, 必使學者, 卽凡天下之物, 莫不因其已知之理而益窮之, 以求至乎其極. 至於用力之久, 而一旦豁然貫通焉, 則衆物之表裏精粗無不到, 而吾心之全體大用無不明矣. 此謂物格, 此謂知之至也.」

* 이는 朱子가 제 5장에서 「格物·致知」의 내용을 다루었을 것이나, 이미 사라지거나 착간으로 망실되자 이를 복원하면 이런 내용일 것이라고 보충해 넣은 것이다. 曾子 傳文의 正文은 아니다.

◉ 諺解

陶山本 근간에 일즉 그으기 程子(뎡ᄌᆞ)ㅅ 뜨ᄃᆞᆯ 取(취)ᄒᆞ야 ᄡᅥ 補(보)ᄒᆞ여 ᄀᆞᆯ오ᄃᆡ 닐온 밧 知(디)를 致(티)홈이 物(믈)을 格(격)홈애 잇다 홈은 내의 知(디)를 致(티)코져 홀 딘댄 物(믈)에 卽(즉)ᄒᆞ야 그 理(리)를 窮(궁)홈애 이쇼믈 니ᄅᆞ니라 人心(ᅀᅵᆫ심)의 靈(령)이 知(디)ㅣ 잇디 아님이 업고 天下(텬하)앳 物(믈)이 理(리)ㅣ 잇디 아닌 이 업건마ᄂᆞᆫ 오직 理(리)예 窮(궁)티 몯홈이 인ᄂᆞᆫ 故(고)로 그 知(디)ㅣ 盡(진)티 몯홈이 인ᄂᆞ니 일로ᄡᅥ 大學(대ᄒᆞᆨ) 비로소 ᄀᆞᄅᆞ치매 반ᄃᆞ시 學者(ᄒᆞᆨ쟈)로 ᄒᆞ여곰 믈읫 天下(텬하)앳 物(믈)에 卽(즉)ᄒᆞ야 그 이믜 아ᄂᆞᆫ 理(리)를 因(인)ᄒᆞ야 더옥 窮(궁)ᄒᆞ야 ᄡᅥ 그 極(극)에 至(지)홈을 求(구)티 아님이 업게 ᄒᆞᄂᆞ니 힘을 ᄡᅳᆷ이 오라 ᄒᆞᄅᆞ아ᄎᆞᆷ의 豁然(할연)히 貫通(관통)홈애 니르면 衆物(즁믈)의 表(표)와 裏(리)와 精(졍)과 粗(조)ㅣ 니르디 아니미 업고 吾心(오심)의 全體(젼톄)와 大用(대용)이 ᄇᆞᆰ디 아니미 업스리니 이 닐온 物(믈)이 格(격)홈이며 이 닐온 知(디)ㅣ 至(지)홈이니라

栗谷本 근간의 일즉 程子 ᄠᅳᆺ을 竊取ᄒᆞ야 ᄡᅥ 補ᄒᆞ니 ᄀᆞᆯ오ᄃᆡ 닐온 밧 知를 致호미 物을 格호매 잇다 홈은 내의 知를 致코져 홀 진댄 物에 卽ᄒᆞ야 그 理를 窮호매 이숌을 니르미라 人心의 靈이 知ㅣ 잇지 아닌 이 업고 天下앳 物이 理ㅣ 잇지 아닌 이 업ᄉᆞ니 오직 理예 窮치 못호미 잇ᄂᆞᆫ 지라 故로 그 知ㅣ 盡치 못호미 잇ᄂᆞ니 일로ᄡᅥ 大學 비로소 ᄀᆞᄅᆞ치매 반ᄃᆞ시 學者로 ᄒᆞ여곰 믈읫 天下의 物의 卽ᄒᆞ야 그 임의 아ᄂᆞᆫ 理를 因ᄒᆞ야 더욱 窮ᄒᆞ야 ᄡᅥ 그 極애 至홈을 求티 아님이 업게 ᄒᆞᄂᆞ니 力을 ᄡᅳᆷ이 오라 一旦애 豁然히 貫通호매 니ᄅᆞ면 衆物의 表裏와 精粗ㅣ 到티 아님이 업고 吾心의 全體와 大用이 明치 아님이 업ᄉᆞ리니 이 닐온 物이 格호미며 이 닐온 知의 至호미니라

傳文 第六章

釋「誠意」

이른바 그 의意를 성실히 한다는 것은 스스로 속이지 않는 것이니 마치 악취를 싫어하듯, 마치 호색을 좋아하듯 함이다. 이를 일러 자겸自謙이라 한다. 그러므로 군자는 반드시 그 홀로 있을 때를 삼가는 것이다.

소인은 한가히 거할 때 불선不善을 저지르면서 이르지 못할 바가 없다가 군자를 보고 나서는 염연厭然하여 그 불선을 가리고 그 선善을 드러낸다. 그러나 남이 자신을 보기를 마치 폐간肺肝까지 들여다보듯 하니 무슨 이익이 있겠는가? 이를 일러 중심中心에 성실히 하면 겉에 형체가 드러난다라고 하는 것이다.

그러므로 군자는 반드시 그 홀로 있을 때를 삼가는 것이다.

증자曾子는 "열 개의 눈이 보는 바이며, 열 개의 손가락이 가리키는 바이니 그 엄함이여!"라 하였다. 부富는 집을 윤택하게 하고 덕德은 몸을 윤택하게 하니 마음이 넓어지고 몸체는 편안해진다. 그러므로 군자는 반드시 그 의를 성실히 하는 것이다.

所謂誠其意者: 毋自欺也, 如惡惡臭, 如好好色, 此之謂自謙. 故君子必愼其獨也!㊀

小人閒居爲不善, 無所不至, 見君子而后厭然, 揜其不善, 而著其善. 人之視己, 如見其肺肝然, 則何益矣? 此謂誠於中, 形於外. 故君子必愼其獨也.㊁

曾子曰:「十目所視, 十手所指, 其嚴乎!」㊂

富潤屋, 德潤身, 心廣體胖. 故君子必誠其意.㊃

【毋】禁止辭.

【惡惡】악한 것을 미워함. '오악'으로 읽음.

【謙】즐겁고 만족스럽게 여김. 그러나 주자는 이 글자의 음에 대하여 反切로 苦劫反(겹)으로 읽도록 하였음.

【厭然】厭은 掩과 같으며 숨겨 감추는 행위.

【胖】鄭玄은 大라 설명하였고, 朱子는 安舒(편안함)라 풀이하였음.

● **諺解**

陶山本 닐온 밧 그 意(의)를 誠(셩)ᄒ다 홈은 스스로 소기디 마로미니 惡臭(악취)를 아쳐홈 ᄀᆞ티 ᄒ며 好色(호ᄉᆡᆨ)을 됴히 너김ᄀᆞ티 홈이 이 닐온 스스로 謙(겸)홈이니 故(고)로 君子(군ᄌᆞ)ᄂᆞᆫ 반ᄃᆞ시 그 獨(독)을 삼ᄀᆞ느니라

小人(쇼신)이 閒居(한거)홈애 不善(블션)을 호ᄃᆡ 니르디 아닐 바 업시 ᄒ다가 君子(군ᄌᆞ)를 본 后(후)에 厭然(안션)히 그 不善(블션)을 ᄀᆞ리오고 그 善(션)을 나타내ᄂᆞ니 사름의 己(긔)ㅣ 보미 그 肺肝(폐간)을 보ᄃᆞ시 ᄒ니 곧 므서시 益(익)ᄒ리오 이 닐온 中(듕)에 誠(셩)ᄒ면 外(외)예 形(형)홈이니 故(고)로 君子(군ᄌᆞ)ᄂᆞᆫ 반ᄃᆞ시 그 獨(독)을 삼가ᄂᆞ니라

曾子(증ᄌᆞ)ㅣ 글ᄋᆞ샤ᄃᆡ 十目(십목)의 보ᄂᆞᆫ 배며 十手(십슈)의 ᄀᆞᄅᆞ치ᄂᆞᆫ 배니 그 嚴(엄)ᄒᆞ뎌

富(부)ᄂᆞᆫ 집을 潤(슌)ᄒᆞ고 德(덕)은 몸을 潤(슌)ᄒᆞᄂᆞᆫ 디라 ᄆᆞᄋᆞᆷ이 廣(광)홈애 體(톄)ㅣ 胖(반)ᄒᆞᄂᆞ니 故(고)로 君子(군ᄌᆞ)ᄂᆞᆫ 반ᄃᆞ시 그 意(의)를 誠(셩)ᄒᆞᄂᆞ니라

栗谷本 닐온 밧 그 意(의)를 誠(셩)ᄒᆞ다 호ᄆᆞᆫ 스스로 欺(긔)ᄒᆞ디 마로미니 惡臭(악취)를 惡(오)ᄐᆞᆺ ᄒᆞ고 好色(호ᄉᆡᆨ)을 好(호)ᄐᆞᆺ 호미 이 닐온 스스로 謙(겸)호미니 故(고)로 君子(군ᄌᆞ)ᄂᆞᆫ 반ᄃᆞ시 그 獨(독)애 愼(신)홀 디니라

小人(쇼인)이 閒居(한거)호매 不善(블션)을 호ᄃᆡ 니르디 아닐 배 업시 ᄒᆞ다가 君子(군ᄌᆞ)를 본 후제 厭然(암연)히 그 不善(블션)을 揜(엄)ᄒᆞ고 그 善(션)을 著(뎌)ᄒᆞᄂᆞ니 人(인)의 己(긔)ㅣ 보기 그 肺肝(폐간)을 봄ᄀᆞ티 ᄒᆞᄂᆞᆫ 디니 엇디 益(익)ᄒᆞ리오 이 닐온 中(듕)에 誠(셩)ᄒᆞ면 外(외)예 形(형)호미니 故(고)로 君子(군ᄌᆞ)ᄂᆞᆫ 반ᄃᆞ시 그 獨(독)애 愼(신)홀 디니라

曾子(증ᄌᆞ)ㅣ ᄀᆞᄅᆞ샤ᄃᆡ 열 눈의 보ᄂᆞᆫ 배며 열 손의 ᄀᆞᄅᆞ치ᄂᆞᆫ 배니 그 嚴(엄)ᄒᆞ뎌 ᄒᆞ시니라

富(부)ᄂᆞᆫ 屋(옥)을 潤(윤)케 ᄒᆞ고 德(덕)은 身(신)을 潤(윤)케 ᄒᆞᄂᆞᆫ 디라 心(심)이 廣(광)ᄒᆞ며 體(톄)ㅣ 胖(반)ᄒᆞᄂᆞ니 故(고)로 君子(군ᄌᆞ)ᄂᆞᆫ 반ᄃᆞ시 그 意(의)를 誠(셩)홀 디니라

◈ 集 註

006-㊀

惡·好, 上字, 皆去聲. 謙, 讀爲慊, 苦劫反.

○ 誠其意者, 自脩之首也. 毋者, 禁止之辭.

自欺云者, 知爲善以去惡, 而心之所發有未實也. 謙, 快也, 足也. 獨者, 人所不知而己所獨知之地也. 言「欲自脩者, 知爲善以去其惡, 則當實用其力, 而禁止其自欺, 使其惡惡則如惡惡臭, 好善則如好好色, 皆務決去, 而求必得之, 以自快足於己, 不可徒苟且以殉(徇)外而爲人也. 然其實與不實, 蓋有他人所不及知而己獨知之者,故必謹之於此以審其幾焉.」

惡와 好는 앞쪽에 있는 글자는 모두가 去聲이다. 謙은 慊으로 읽으며 「苦劫反」(겹)이다.

○ 誠其意란 自脩의 첫머리이다. 毋는 금지사이다.

自欺라고 말한 것은 선을 함으로써 악을 제거함을 알기는 하되 마음에 발하는 바가 아직 성실하지 못함이 있음을 말한 것이다. 謙은 快이며 足이다. 獨은 남이 알지 못하는 바로서 자기만 홀로 아는 바의 경지이다. "自脩하고자 하는 자가 善을 함으로써 악이 제거된다는 것을 안다면 의당 성실히 그 힘을 써서 스스로의 속임을 금지시키되 그 악을 싫어함은 마치 악취를 싫어하듯 하고, 선을 좋아함은 마치 호색을 좋아하듯 하게 하여 모두 힘써 결단코 버리며, 구할 것은 반드시 얻도록 하여 스스로 자기에게 만족할 것이며, 한갓 구차스럽게 외형을 따라 남을 위해서는 안 된다. 그러나 그 성실함과 불성실함은 대체로 다른 사람은 미처 알지 못하는데 자신만이 홀로 아는 것이 있게 된다. 그러므로 반드시 이 경우에 근신하여 그 기미를 살펴야 한다"라고 말한 것이다.

006-㈂

閒, 音閑. 厭, 鄭氏讀爲黶.

○ 閒居, 獨處也. 厭然, 消沮閉藏之貌. 此言: 「小人陰爲不善, 而陽欲揜之, 則是非不知善之當爲與惡之當去也; 但不能實用其力以至此耳. 然欲揜其惡而卒不可揜, 欲詐爲善而卒不可詐, 則亦何益之有哉! 此君子所以重以爲戒, 而必謹其獨也.」

閒은 음이 한(閑)이다. 厭은 鄭氏(鄭玄)는 염(黶)으로 읽었다.

○ 閒居는 홀로 처함이다. 厭然은 消沮閉藏(의기소침함)한 모습이다. 이는 "소인은 몰래 不善을 하면서 겉으로는 이를 엄폐하려 하니 그렇다면 이는 선은 마땅히 해야 하고 악은 마땅히 제거해야 한다는 것을 모르는 것은 아니다. 다만 성실히 그 힘을 쓰지 않아서 이런 지경에 이른 것일 따름이다. 그러나 그 악을 엄폐하려 해도 끝내 이를 엄폐할 수 없고, 선을 행하는 것으로 거짓을 꾸미려 해도 끝내 속일 수 없게 된다. 그렇다면 무슨 이익이 있겠는가? 이는 군자가 거듭 경계를 삼아 반드시 그 홀로일 때를 삼가야 할 바의 것이다"라고 말한 것이다.

006-三

引此以明上文之意. 言:「雖幽獨之中, 而其善惡之不可揜如此. 可畏之甚也.」

이를 인용하여 윗글의 뜻을 밝힌 것이다. "비록 그윽한 곳에 홀로 거하는 가운데라 해도 그 선악을 엄폐할 수 없음이 이와 같으니 가히 두려워함의 심함이다"라고 말한 것이다.

006-四

胖, 步丹反.
○ 胖, 安舒也. 言:「富則能潤屋矣, 德則能潤身矣, 故心無愧怍, 則廣大寬平, 而體常舒泰, 德之潤身者然也. 蓋善之實於中而形於外者如此.」故又言此以結之.

胖은「步丹反」(반)이다.
○胖은 安舒(편안함)이다. "부하면 능히 그 집을 윤택하게 할 수 있고 덕이 있으면 능히 그 몸을 윤택하게 한다. 그러므로 마음에 부끄러움이 없으면 廣大하고 寬平하여 몸은 항상 편안하고 태평하니 이는 덕의 潤身이 그렇게 한 것이다. 대체로 善이 그 가운데에 성실하여 겉으로 나타나는 것이 이와 같은 것이다"라고 말한 것이다. 그러므로 다시 이를 말하여 결론을 맺은 것이다.

右傳之六章. 釋誠意.㊀

이상은 전문傳文의 6장으로 '성의誠意'를 풀이한 것이다.

㊀ 經曰:「欲誠其意, 先致其知.」又曰:「知至而后意誠.」蓋心體之明有所未盡, 則其所發必有不能實用其力, 而苟焉以自欺者. 然或已明而不謹乎此, 則其所明又非己有, 而無以爲進德之基. 故此章之指, 必承上章而通考之, 然後有以見其用力之始終, 其序不可亂而功不可闕如此云.

經(經文一章)에는 "그 의를 성실히 하고자 하면 먼저 그 知를 이루어야 한다"라 하였고, 다시 "知가 이른 후에야 意가 성실해진다"라 하였다. 대체로 心體의 밝음에 未盡한 바가 있으면 그 발현이 틀림없이 능히 성실히 그 힘을 쓸 수 없는 경우가 있어 구차스럽게 스스로 속이는 것으로써 하게 된다. 그러나 혹 이미 밝은데도 이에 삼가지 않게 되면 그 밝은 바도 다시 자기 것이 되지 못하여 덕으로 나가는 기초로 삼을 수 없게 된다. 그러므로 이 장의 지적은 반드시 윗장을 이어받아 통틀어 이를 고찰한 연후라야 그 用力의 始와 終을 알 수 있다. 그 차례를 어지럽힐 수 없고 功力을 빠뜨려서는 안 됨이 여기에 말한 것과 같다.

傳文 第七章

釋「正心·脩身」

이른바 수신脩身은 그 마음을 바르게 함에 있다고 한 것은 몸(마음)에 분치忿懥한 바가 있으면 그 정正을 얻을 수 없고, 공구恐懼한 바가 있으면 그 정을 얻을 수 없으며, 호요好樂하는 바가 있으면 그 정을 얻을 수 없고, 우환憂患하는 바가 있으면 그 정을 얻을 수 없다.

마음이 거기에 있지 않으면 보아도 보이지 아니하고, 들어도 들리지 아니하며, 먹어도 그 맛을 알지 못한다.

이를 일러 수신은 그 마음을 바르게 함에 있다고 하는 것이다.

所謂脩身在正其心者, 身有所忿懥, 則不得其正; 有所恐懼, 則不得其正; 有所好樂, 則不得其正; 有所憂患, 則不得其正.㊀
心不在焉, 視而不見, 聽而不聞, 食而不知其味.㊁
此謂脩身在正其心.

【身有所忿懥】程子는 身은 心이어야 한다고 주장하였음. 분치(忿懥)는 怒함. 분노하여 괴로워함의 뜻.

【好樂】愛好하고 즐김. '호요'로 읽음.

⦿ 諺解

陶山本　닐온 밧 몸을 닷금이 그 ᄆᆞᄋᆞᆷ을 正(정)홈애 잇다 홈은 ᄆᆞᄋᆞᆷ애 忿懥(분티)ᄒᆞᄂᆞᆫ 바를 두면 그 正(정)을 得(득)디 몯ᄒᆞ고 恐懼(공구)ᄒᆞᄂᆞᆫ 바를 두면 그 正(정)을 得(득)디 몯ᄒᆞ고 好樂(호요)ᄒᆞᄂᆞᆫ 바를 두면 그 正(정)을 得(득)디 몯ᄒᆞ고 憂患(우환)ᄒᆞᄂᆞᆫ 바를 두면 그 正(정)을 得(득)디 몯ᄒᆞᄂᆞ니라

ᄆᆞᄋᆞᆷ이 잇디 아니면 보아도 보디 몯ᄒᆞ며 드러도 듣디 몯ᄒᆞ며 먹어도 그 마슬 아디 몯ᄒᆞᄂᆞ니라

이 닐온 몸 닷금이 그 ᄆᆞᄋᆞᆷ을 正(정)홈애 이숌이니라

栗谷本　닐온 밧 身(신)을 修(슈)ᄒᆞ기 그 心(심)을 正(정)호매 잇다 호ᄆᆞᆫ 心(심)의 忿懥(분티)ᄒᆞᄂᆞᆫ 바를 두면 그 正(정)을 得(득)디 몯ᄒᆞ며 恐懼(공구)ᄒᆞᄂᆞᆫ 바를 두면 그 正(정)을 得(득)디 몯ᄒᆞ며 好樂(호요)ᄒᆞᄂᆞᆫ 바를 두면 그 正(정)을 得(득)디 몯ᄒᆞ며 憂患(우환)ᄒᆞᄂᆞᆫ 바를 두면 그 正(정)을 得(득)디 몯홀 디니라

心(심)이 잇디 아니ᄒᆞ면 視(시)ᄒᆞ야도 見(견)티 몯ᄒᆞ며 聽(텽)ᄒᆞ야도 聞(문)티 몯ᄒᆞ며 食(식)ᄒᆞ야도 그 마슬 아디 몯ᄒᆞᄂᆞ니라

이 닐온 身(신)을 修(슈)ᄒᆞ기 그 心(심)을 正(정)호매 이쇼미니라

007-㊀

程子曰：「身有之身當作心.」忿, 弗粉反. 懥, 勑値反. 好·樂, 並去聲.

○ 忿懥, 怒也. 蓋是四者, 皆心之用, 而人所不能無者. 然一有之而不能察, 則欲動情勝, 而其用之所行, 或不能不失其正矣.

정자(程顥)는 "身有의 身은 마땅히 心으로 써야 한다"라 하였다. 忿은 「弗粉反」(분)이며 懥는 「勑値反」(치)이다. 好, 樂는 모두가 去聲이다.

○ 忿懥는 怒함이다. 대체로 이 네 가지는 모두가 心의 用으로 사람에게 능히 없을 수 없는 것이다. 그러나 하나라도 가지고 있으면서 능히 살피지 않으면 욕심이 동하고 정이 勝하여, 그 用의 행하는 바가 간혹 그 正을 잃지 않을 수 없게 한다.

007-㊁

心有不存, 則無以檢其身, 是以君子必察乎此而敬以直之, 然後此心常存而身無不脩也.

마음에 보존되지 못함이 있게 되면 그 몸을 점검할 수가 없다. 이 때문에 군자는 반드시 이에 관찰하여 공경히 하는 것으로 이를 곧게 편다. 그렇게 한 연후에야 이런 마음이 상존하여 몸이 수양되지 않음이 없게 되는 것이다.

右傳之七章. 釋正心·脩身.㊀
이상은 전문傳文의 7장으로 '정심正心·수신脩身'을 풀이한 것이다.

㊀ 此亦承上章以起下章. 蓋意誠, 則眞無惡而實有善矣, 所以能存是心以檢其身. 然或但知誠意, 而不能密察此心之存否, 則又無以直內而脩身也.

○ 自此以下, 並以舊文爲正.

이 역시 윗장을 이어받아 아랫장을 일으킨 것이다.

대체로 意가 성실하면 참으로 악이 없어져 실제로 선이 있게 될 것이니, 그래서 능히 이 마음을 보존하여 그 몸을 검속할 수 있는 것이다. 그러나 간혹 단지 誠意만을 알고, 이 마음의 존속 여부를 세밀히 관찰해 내지 못하게 되면, 또한 안을 곧게 하여 그 몸을 수양하는 일을 할 수 없게 된다.

○ 이로부터 아래는 모두가 舊文을 옳은 것으로 삼는다.

傳文 第八章

釋「脩身·齊家」

이른바 그 집을 가지런히 함은 그 자신을 수양함에 있다齊其家在脩其身
고 하는 것은 사람이란 그 친애하는 바에 치우치게 되고, 그 천오賤惡
하는 바에 치우치게 되며, 그 외경畏敬하는 바에 치우치게 되고, 그
애긍哀矜하는 바에 치우치게 되며, 그 오타敖惰하는 바에 치우치게 된다.
그러므로 좋아하되 그것이 악한 것임을 알아차리고, 싫어하지만 그것이
아름다운 것임을 아는 자는 천하에 드문 것이다.

따라서 속어에 있으되 "사람이란 자기 자식의 악함은 알지 못하며,
자기 싹이 크다는 것을 알지 못한다"라 한 것이다.

이를 일러 자신이 수양되지 않고서는 그 집안을 가지런히 할 수
없다고 하는 것이다.

所謂齊其家在脩其身者: 人之其所親愛而辟焉, 之其
所賤惡而辟焉, 之其所畏敬而辟焉, 之其所哀矜而辟焉,
之其所敖惰而辟焉. 故好而知其惡, 惡而知其美者, 天下
鮮矣!㊀

故諺有之曰:「人莫知其子之惡, 莫知其苗之碩.」㊀
此謂身不脩不可以齊其家.

【辟】僻과 같음. '편벽되다'의 뜻. '벽'으로 읽음.
【賤惡】천하게 여겨 혐오함. '천오'로 읽음.

⊙ 諺解

陶山本 닐온 밧 그 집을 ᄀᆞᄌᆞ기 홈이 그 몸 닷금애 잇다 홈은 사ᄅᆞ미
그 親愛(친익)ᄒᆞᄂᆞᆫ 바애 辟(벽)ᄒᆞ며 그 賤惡(쳔오)ᄒᆞᄂᆞᆫ 바애 辟(벽)
ᄒᆞ며 그 畏敬(외경)ᄒᆞᄂᆞᆫ 바애 辟(벽)ᄒᆞ며 그 哀矜(ᄋᆡ긍)ᄒᆞᄂᆞᆫ 바애 辟(벽)ᄒᆞ며
그 敖惰(오타)ᄒᆞᄂᆞᆫ 바애 辟(벽)ᄒᆞᄂᆞ니 故(고)로 됴히 너교ᄃᆡ 그 사오나옴을
알며 아쳐 호ᄃᆡ 그 아름다오믈 알 者(쟈)ㅣ 天下(텬하)애 져그니라

故(고)로 諺(언)에 이시니 ᄀᆞᆯ오ᄃᆡ 사ᄅᆞ미 그 子(ᄌᆞ)의 사오나옴을 아디
몯ᄒᆞ며 그 苗(묘)의 큼을 아디 몯ᄒᆞᆫ다 ᄒᆞ니라

이 닐온 몸이 닷디 아니면 可(가)히 ᄡᅥ 그 집을 ᄀᆞᄌᆞ기 ᄒᆞ디 몯홈이니라

栗谷本 닐온 밧 ᄀ 家(가)를 齊(졔)ᄒᆞ기 그 身(신)을 修(슈)호매 잇다
호ᄆᆞᆫ 人(인)이 그 親愛(친익)ᄒᆞᄂᆞᆫ 바의 辟(벽)ᄒᆞ며 그 賤惡(쳔오)ᄒᆞᄂᆞᆫ
바의 辟(벽)ᄒᆞ며 그 畏敬(외경)ᄒᆞᄂᆞᆫ 바의 辟(벽)ᄒᆞ며 그 哀矜(ᄋᆡ긍)ᄒᆞᄂᆞᆫ 바의
辟(벽)ᄒᆞ며 그 敖惰(오타)ᄒᆞᄂᆞᆫ 바의 辟(벽)ᄒᆞᄂᆞ니 故(고)로 好(호)코 그 惡(악)을
알며 惡(오)코 그 美(미)를 알 者(쟈)ㅣ 天下(텬하)의 鮮(션)ᄒᆞ니라

故(고)로 諺(언)에 이시니 굴오딕 人(인)이 그 子(ᄌ)의 惡(악)을 아디 몯ᄒ며 그 苗(묘)의 碩(셕)호믈 아디 몯ᄒ다 ᄒ니라

이 닐온 身(신)이 修(슈)티 몯ᄒ면 可(가)히 뻐 그 家(가)를 齊(졔)티 몯호미니라

008-㉠

辟, 讀爲僻. 惡而之惡·敖·好, 並去聲. 鮮, 上聲.

○ 人, 謂衆人. 之, 猶於也. 辟, 猶偏也. 五者, 在人本有當然之則; 然常人之情, 惟其所向而不加審焉, 則必陷於一偏而身不脩矣.

辟은 僻(벽)으로 읽는다. 惡而의 惡와 敖, 好는 모두가 去聲이다. 鮮은 上聲이다.

○ 人은 衆人을 말한다. 之는 於와 같다. 辟은 偏(편벽됨)과 같다. 다섯 가지는 사람에게 있어서 본래부터 있는 당연한 법칙이다. 그러나 보통사람의 정이란 다만 그 지향하는 바만 있고, 살핌을 더하지 않게 되면 틀림없이 하나의 치우친 쪽에 빠져들어 자신이 수양되지 못하게 된다.

008-㉡

諺, 音彦. 碩, 叶韻, 時若反.

○ 諺, 俗語也. 溺愛者不明, 貪得者無厭, 是則偏之爲害, 而家之所以不齊也.

諺은 음이 언(彦)이다. 碩은 叶韻으로 「時若反」(삭)이다.

○ 諺은 俗語이다. 사랑에 빠진 자는 밝지 못하고, 얻음에 탐닉하는 자는 싫증을 모른다. 이것이 곧 치우침이 해가 되어 그 때문에 집이 가지런해지지 못하게 되는 것이다.

右傳之八章. 釋脩身·齊家.

이상은 전문傳文의 8장이다. '수신脩身·제가齊家'를 풀이한 것이다.

傳文 第九章
釋「齊家·治國」

이른바 치국은 반드시 먼저 그 집을 가지런히 해야 한다(治國必先齊其家)라고 함은 그 집안을 가르치지 않고는 능히 남을 가르친 자는 없다는 것이다. 그러므로 군자는 그 집안에서 나가지 않고도 나라에 가르침을 이루는 것이다.

효孝란 임금을 섬기기 위함이요, 제弟란 어른을 섬기기 위함이요, 자慈란 무리를 부리기 위함이다.

〈강고康誥〉에 "마치 갓난아이 보살피듯 하라" 하였으니 마음이 진실로 이를 구하면 비록 적중하지는 못한다 해도 멀지는 않을 것이다. 자식 기르는 법을 배운 이후에 시집가는 경우란 없다. 한 집이 어질면 한 나라에 인仁이 흥하게 되고, 한 집안이 양보하면 한 나라에 양보가 흥하며, 한 사람이 탐려貪戾하면 한 나라가 난을 일으키게 되나니, 그 기틀이 이와 같은 것이다.

이를 일러 한 마디 말이 일을 뒤엎고, 한 사람이 나라를 안정시킨다고 하는 것이다.

요순堯舜이 천하를 인仁으로써 인솔하자 백성들이 그를 따랐고, 걸주 桀紂가 천하를 포악으로써 인솔하자 백성들이 그를 따랐으니, 그 명령하는 바가 자신이 좋아하는 것과 상반되면 백성들이 따르지 않게 된다. 이 까닭으로 군자는 자기에게 이를 갖춘 다음에야 남에게 이善를 요구하는 것이며, 자신에게 이惡를 없이한 뒤에라야 남에게 이를 비난하는 것이다. 자신에게 간직한 바가 서恕하지 못하고서 능히 남에게 이를 깨우친 자는 있지 않았다. 그러므로 나라 다스림은 그 집안을 가지런히 함에 있는 것이다.

《시詩》에 "복사꽃 아름답고, 그 잎은 무성하네. 이 아가씨 시집감이 그 집 식구에 합당하네"라 하였다. 그 집안 식구에게 마땅한 다음에라야 가히 나라 사람을 가르칠 수 있는 것이다.

《시詩》에 "형에게 마땅하고 아우에게 마땅하네"라 하였으니, 형에게 마땅하고 아우에게도 마땅한 다음이라야 나라 사람을 가르칠 수 있는 것이다.

《시詩》에 "그 위의가 어그러짐이 없으니, 이 사방의 나라를 바르게 하네"라 하였으니 그 부자父子, 형제兄弟된 자가 족히 법 받을 만한 다음이라야 백성이 이를 법 받는 것이다. 이를 일러 치국治國은 그 집안을 가지런히 함에 있다고 하는 것이다.

所謂治國必先齊其家者，其家不可敎而能敎人者，無之. 故君子不出家而成敎於國: 孝者, 所以事君也; 弟者, 所以事長也; 慈者, 所以使衆也.㊀

康誥曰:「如保赤子」, 心誠求之, 雖不中不遠矣. 未有學養子而后嫁者也!㊁

一家仁, 一國興仁; 一家讓, 一國興讓; 一人貪戾, 一國

作亂; 其機如此. 此謂一言僨事, 一人定國.㈢

堯舜帥天下以仁, 而民從之; 桀紂帥天下以暴, 而民
從之; 其所令反其所好, 而民不從. 是故君子有諸己而
后求諸人, 無諸己而后非諸人. 所藏乎身不恕, 而能喩
諸人者, 未之有也.㈣

故治國在齊其家.㈤

詩云:「桃之夭夭, 其葉蓁蓁: 之子于歸, 宜其家人.」
宜其家人, 而后 可以教國人.㈥

詩云:「宜兄宜弟.」宜兄宜弟, 而后可以教國人.㈦

詩云:「其儀不忒, 正是四國.」其爲父子兄弟足法,
而后民法之也.㈧

此謂治國在齊其家.㈨

【弟】悌와 같음. 兄長을 잘 섬기는 태도.
【康誥】《書經》의 周書의 편명
【赤子】갓난아이.《書經》疏에「子生赤色, 故言赤子」라 함.
【貪戾】탐학스럽게 굴며 독하게 괴롭힘.
【僨事】패사, 일을 그르침.
【桀紂】桀은 夏나라의 末王, 紂는 殷나라의 말왕. 儒家에서는 모두를 폭군으로
　보고 있음. 걸은 湯에게 망하고 주는 武王에게 망함.
【帥】솔과 같음. '인솔하다'의 뜻. '솔'로 읽음.
【于歸】于는 往과 같음. 歸는 '시집가다'의 뜻.

陶山本　닐온 밧 나라흘 다스리미 반드시 몬져 그 집을 ᄀᆞᄌᆞ기 홀 거시라 홈은 그 집을 可(가)히 教(교)티 몯ᄒᆞ고 能(능)히 사름을 教(교)홀 者(쟈)ㅣ 업스니 故(고)로 君子(군ᄌᆞ)는 집의 나디 아니ᄒᆞ야셔 教(교)ㅣ 나라히 이ᄂᆞ니 孝(효)는 뻐 君(군)을 셤기는 배오 弟(뎨)는 뻐 長(댱)을 셤기는 배오 慈(ᄌᆞ)는 뻐 衆(즁)을 브리는 배니라

康誥(강고)애 글오디 赤子(젹ᄌᆞ)를 保(보)홈 ᄀᆞ티 ᄒᆞ라 ᄒᆞ니 ᄆᆞ옴애 誠(셩)으로 求(구)ᄒᆞ면 비록 中(듕)티 몯ᄒᆞ나 머디 아니ᄒᆞᄂᆞ니 子(ᄌᆞ) 養(양)홈을 비혼 后(후)에 嫁(가)홀 者(쟈)ㅣ 잇디 아니ᄒᆞ니라

ᄒᆞᆫ 집이 仁(신)ᄒᆞ면 ᄒᆞᆫ 나라히 仁(신)에 興(흥)ᄒᆞ고 ᄒᆞᆫ 집이 讓(샹)ᄒᆞ면 ᄒᆞᆫ 나라히 讓(샹)에 興(흥)ᄒᆞ고 ᄒᆞᆫ 사름이 貪(탐)ᄒᆞ며 戾(려)ᄒᆞ면 ᄒᆞᆫ 나라히 亂(란)을 作(작)ᄒᆞᄂᆞ니 그 機(긔)ㅣ 이ᄀᆞ트니 이 닐온 ᄒᆞᆫ 말이 이를 僨(분)ᄒᆞ며 ᄒᆞᆫ 사름이 나라흘 定(뎡)홈이니라

堯(요)와 舜(슌)이 天下(텬하) 帥(솔)ᄒᆞ심을 仁(신)으로뻐 ᄒᆞ신대 民(민)이 좃고 桀(걸)과 紂(듀)ㅣ 天下(텬하) 帥(솔)홈을 暴(포)로뻐 ᄒᆞᆫ대 民(민)이 조츠니 그 令(령)ᄒᆞᄂᆞᆫ 배 그 됴히 너기는 바애셔 反(반)ᄒᆞ면 民(민)이 좃디 아니ᄒᆞᄂᆞ니 이런 故(고)로 君子(군ᄌᆞ)는 몸애 둔 後(후)에 사름의게 求(구)ᄒᆞ며 몸애 업슨 後(후)에 사름의게 외다 ᄒᆞᄂᆞ니 몸애 藏(장)혼 배 恕(셔) 몯홀 거시오 能(능)히 사름의게 喩(유)홀 者(쟈)ㅣ 잇디 아니ᄒᆞ니라

故(고)로 나라흘 다스림이 그 집을 ᄀᆞᄌᆞ기 홈애 인ᄂᆞ니라

詩(시)예 닐오디 桃(도)의 夭夭(요요)홈이여 그 닙피 蓁蓁(진진)ᄒᆞ도다 之子(지ᄌᆞ)의 歸(귀)홈이여 그 家人(가신)을 宜(의)히리로다 ᄒᆞ니 그 家人(가신)을 宜(의)ᄒᆞᆫ 后(후)에 可(가)히 뻐 國人(국신)을 ᄀᆞᄅᆞ칠 이니라

詩(시)예 닐오디 兄(형)을 宜(의)ᄒᆞ며 弟(뎨)를 宜(의)ᄒᆞ다 ᄒᆞ니 兄(형)을 宜(의)ᄒᆞ며 弟(뎨)를 宜(의)ᄒᆞᆫ 后(후)에 可(가)히 뻐 國人(국신)을 ᄀᆞᄅᆞ칠 이니라

詩(시)예 닐오디 그 儀(의)ㅣ 그르디 아니ᄒᆞᆫ 디라 이 四國(ᄉᆞ국)을 正(졍)ᄒᆞ리로다 ᄒᆞ니 그 父子(부ᄌᆞ)와 兄弟(형뎨)ㅣ 도읜 이 足(죡)히 法(법)혼 후에 民(민)이 法(법)ᄒᆞᄂᆞ니라

이 닐온 나라흘 다스림이 그 집을 ᄀᆞᄌᆞ기 홈애 이숌이니라

닐온 밧 國(국)을 治(티)ᄒ기 반ᄃ시 몬져 그 家(가)를 齊(졔)ᄒ다 호믄 그 家(가)를 可(가)히 敎(교)티 몯ᄒ고 能(능)히 人(인)을 敎(교)홀 者(쟈)ㅣ 업슨 디라 故(고)로 君子(군ᄌ)ᄂ 家(가)의 나디 아녀 國(국)애 敎(교)를 일우ᄂ니 孝(효)ᄂ 뻐 君(군)을 事(ᄉ)홀 배오 弟(뎨)ᄂ 뻐 長(댱)을 事(ᄉ)홀 배오 慈(ᄌ)ᄂ 뻐 衆(듕)을 使(ᄉ)홀 배니라

康誥(강고)의 ᄀᆯ오디 赤子(젹ᄌ)를 保(보)텃 ᄒ라 ᄒ니 心(심)의 誠(셩)으로 求(구)ᄒ면 비록 中(듕)티 몯ᄒ나 遠(원)티 아닛ᄂ니 子(ᄌ) 養(양)키를 學(ᄒᆨ)ᄒ 后(후)에 嫁(가)홀 者(쟈)ㅣ 잇디 아니니라

一家(일가)ㅣ 仁(인)ᄒ면 一國(일국)이 仁(인)을 興(흥)ᄒ며 一家(일가)ㅣ 讓(양)ᄒ면 一國(일국)이 讓(양)을 興(흥)ᄒ고 一人(일인)이 貪(탐)코 戾(려)ᄒ면 一國(일국)이 亂(란)을 作(작)ᄒᄂ니 그 機(긔)ㅣ 이ᄀᆞ트니 이 닐온 一言(일언)이 事(ᄉ)를 僨(분)ᄒ며 一人(일인)이 국(國)을 定(뎡)호미니라

堯舜(요슌)이 天下(텬하)를 仁(인)으로뻐 帥(솔)ᄒ신대 民(민)이 從(죵)ᄒ며 桀紂(걸듀)ㅣ 天下(텬하)를 暴(포)로뻐 帥(솔)ᄒᆫ대 民(민)이 從(죵)ᄒ니 그 令(령)ᄒᄂ 배 그 好(호)ᄒᄂ 바의 反(반)ᄒ면 民(민)이 從(죵)티 아닛ᄂ 디라 이런 故(고)로 君子(군ᄌ)ᄂ 己(긔)예 둔 後(후)제 人(인)의게 求(구)ᄒ며 己(긔)예 업슨 後(후)제 人(인)의게 외다 ᄒᄂ니 身(신)의 藏(장)혼 배 恕(셔)ㅣ 아니오 能(능)히 人(인)을 喩(유)홀 者(쟈)ㅣ 잇디 아니니라

故(고)로 國(국)을 治(티)ᄒ기 그 家(가)를 齊(졔)호매 잇ᄂ니라

詩(시)예 닐오디 桃(도)의 夭夭(요요)호미여 그 니피 蓁蓁(진진)ᄒ도다 之子(지ᄌ)의 歸(귀)호미여 그 家人(가인)을 宜(의)케 ᄒ리로다 ᄒ니 그 家人(가인)을 宜(의)케 ᄒ 后(후)제 可(가)히 뻐 國人(국인)을 敎(교)홀디니라

詩(시)예 닐오디 兄(형)을 宜(의)케 ᄒ며 弟(뎨)를 宜(의)케 ᄒ다 ᄒ니 兄(형)을 宜(의)케 ᄒ며 弟(뎨)를 宜(의)케 ᄒ 后(후)제 可(가)히 뻐 國人(국인)을 敎(교)홀 디니라

詩(시)예 닐오디 그 儀(의)를 忒(특)디 아닌 디라 이 四國(ᄉ국)을 正(졍)ᄒ다 ᄒ니 그 父子(부ᄌ) 兄弟(형뎨) 되엿ᄂ 니 足(죡)히 法(법)혼 后(후)제 民(민)이 法(법)ᄒᄂ니라

이 닐온 國(국)을 治(티)ᄒ기 그 家(가)를 齊(졔)호매 이쇼미니라

009-㊀

弟, 去聲. 長, 上聲.

○ 身脩, 則家可教矣; 孝·弟·慈, 所以脩身而教於家者也; 然而國之所以事君·事長·使衆之道, 不外乎此. 此所以家齊於上, 而教成於下也.

弟는 去聲이며 長은 上聲이다.

○ 자신이 수양되면 집안은 가히 가르칠 수 있다. 孝·弟·慈는 몸을 수양하여 집안에 가르침을 두는 所以이다. 그러나 나라에서 임금을 섬기고, 어른을 섬기며, 무리를 부리는 도의 소이도 여기에서 벗어나지 않는다. 이 소이는 집안은 위에서 가지런히 하고, 가르침은 아래에서 이루어지는 것이다.

009-㊁

中, 去聲.

○ 此引書而釋之, 又明: 「立教之本, 不假强爲, 在識其端而推廣之耳.」

中은 去聲이다.

○ 이는 《書經》康誥篇를 인용하여 풀이한 것으로 다시 "立教의 본은 억지로 함을 가탁하지 않고, 그 단서를 알아 미루어 넓힘에 있을 뿐임"을 밝힌 것이다.

009-㊂

僨, 音奮.

○ 一人, 謂君也. 機, 發動所由也. 僨, 覆敗也. 此言教成於國之效.

僨은 음이 분(奮)이다.

○ 一人은 임금을 말한다. 機는 발동함이 말미암는 바이다. 僨은 엎어지고 패함이다. 이는 가르침이 나라에서 이루어지는 효과를 말한 것이다.

009-㉔

好, 去聲.

○ 此又承上文一人定國而言. 有善於己, 然後可以責人之善; 無惡於己, 然後可以正人之惡. 皆推己而及人, 所謂恕也, 不如是, 則所令反其所好, 而民不從矣. 喩, 曉也.

好는 去聲이다.

○ 이는 다시 윗글 '一人定國'을 이어받아 말한 것이다. 자신에게 善이 있은 연후에야 가히 남의 선을 책할 수 있고, 자신에게 악이 없고 나서야 남의 악함을 바로잡을 수 있는 것이다. 모두가 자신을 미루어서 남에게 미치는 것이니 소위 恕라는 것이다. 이와 같이 하지 않으면 명령하는 바가 자기가 좋아하는 바와 상반되어 백성이 따르지 않게 된다. 喩는 曉이다.

009-㉕

通結上文.

윗글을 통틀어 결론한 것이다.

009-㉖

夭, 平聲. 蓁, 音臻.

○ 詩, 周南桃夭之篇. 夭夭, 少好貌. 蓁蓁, 美盛貌. 興也. 之子, 猶言是子, 此指女子之嫁者而言也. 婦人謂嫁曰歸. 宜, 猶善也.

夭는 평성이며 蓁은 음이 진(臻)이다.

○《詩》는 周南 桃夭篇이다. 夭夭는 어리고 예쁜 모습이다. 蓁蓁은 아름답고 풍성한 모습으로 興(六義의 하나)이다. '之子'는 '是子'라 말하는 것과 같으며, 여기서는 여자가 시집가는 자를 가리켜 한 말이다. 부인이 시집가는 것을 일러 歸라 한다. 宜는 善과 같다.

009-㈦

詩, 小雅蓼蕭篇.

《詩》는 小雅 蓼蕭篇이다.

009-㈧

詩, 曹風鳲鳩篇. 忒, 差也.

《詩》는 曹風 鳲鳩篇이다. 忒은 差이다.

009-㈨

此三引詩, 皆以詠歎上文之事, 而又結之如此. 其味深長, 最宜潛玩.

여기에 세 가지 인용한 詩는 모두가 윗글의 일을 詠歎한 것으로써 다시 이와 같이 결론을 맺은 것이다. 그 맛이 深長하여 가장 마땅히 潛玩해야 할 것이다.

右傳之九章. 釋齊家·治國.

이상은 전문傳文의 9장으로 '제가齊家·치국治國'을 풀이한 것이다.

釋「治國·平天下」

이른바 천하를 평안히 함은 그 나라를 다스림에 있다(平天下在其國)라고
한 것은, 윗사람이 노인을 노인으로 대우하여 백성이 효를 흥기하며,
윗사람이 어른을 어른으로 모셔 백성이 제弟를 흥기하며, 윗사람이
고孤를 긍휼히 여겨 백성이 배반하지 않는 것이니, 이 까닭으로 군자는
혈구지도絜矩之道를 가지고 있는 것이다. 윗사람에게 미움받았던 바로써
아랫사람을 부리지 말 것이며, 아랫사람에게 미움받았던 바로써 윗
사람을 모시지 말 것이며, 앞사람에게 미움받았던 것으로써 뒷사람에게
먼저 하지 말 것이며, 뒷사람에게 미움받았던 바로써 앞사람을 따르지
말 것이며, 오른쪽에게 미움받았던 바로써 왼쪽 사람에게 사귀지
말 것이며, 왼쪽에 미움받았던 바로써 오른쪽 사람에게 사귀지 말
것이니라. 이를 일러 혈구지도라 하는 것이다.

《시詩》에 "즐겁도다, 군자여. 백성의 부모로다"라 하였으니, 백성이
좋아하는 바를 좋아해 주며, 백성이 싫어하는 바를 싫어해 주는 것,
이를 일러 백성의 부모라 하는 것이다.

윗사람이 싫어 하는 것으로 아랫사
람이 싫어 하는 것으로 윗사람을섬기지말것이며 아랫사람이
싫어 하는 것으로 뒷사람에게먼저행하지말며 뒷사람이싫
어 하는 것으로 앞사람을따르지말것이다 오른쪽사람이싫
어 하는 것으로 왼쪽사람과사귀지말며 왼쪽사람이싫어하
는 것으로오른쪽사람과사귀지말것이나 이렇게하
는 것을 일러자기자신을중심삼아다른사람을헤아리는방법이라
말하는 것이다 무인년 각학일무름으리말로씀 청곡 김춘자

대학 「治國平天下」 한글본. 靑谷 金春子(현대)

《시詩》에 "깎은 듯한 저 남산이여, 돌이 암암巖巖하구나. 혁혁赫赫한 태사太師 윤씨尹氏여, 백성이 모두 너를 바라보네"라 하였다. 나라를 가진 자는 가히 삼가지 않을 수 없으니 치우치면 천하의 죽음을 당하게 되는 것이다.

《시詩》에 "은殷나라가 아직 민중을 잃지 않았을 때에는 능히 상제上帝와 짝이었지. 의당 은나라를 볼지니 높은 천명을 지켜내기 쉽지 않거늘"이라 하였다. 민중을 얻으면 나라를 얻고, 민중을 잃으면 나라를 잃는다고 말한 것이다. 이 까닭으로 군자는 먼저 그 덕에 삼가는 것이다. 덕이 있으면 여기에 사람이 있게 되고, 사람이 있으면 여기에 토지가 있게 되며, 토지가 있으면 여기에 재물이 있게 되고, 재물이 있으면 여기에 쓰임이 있게 되는 것이다.

덕이란 본이요, 재물이란 말末이다.

본本을 밖으로 하고 말末은 안으로 하면 백성을 다투도록 하고 빼앗는 짓을 베풀게 하는 것이다. 이 까닭으로 재물이 모이면 백성은 흩어지고, 재물이 흩어지면 백성은 모여들게 되는 것이다. 이 까닭으로 말이 패덕스러우면서 내뱉어진 것은 역시 패덕스러운 채 들어오는 것이요, 재화도 패덕스럽게 들어온 것은 역시 패덕스러운 채 나가는 것이다.

〈강고康誥〉에는 "천명은 항상 한 곳에 있는 것이 아니다!"라 하였으니 선하면 이를 얻게 되고, 불선不善하면 이를 잃게 됨을 말한 것이다.

〈초서楚書〉에는 "초나라에는 보물로 삼을 것이 없으나 오직 선善을 보배로 여긴다"라고 하였다. 구범舅犯은 "망명 온 사람은 보배로 삼을 것이 없으나 인仁과 친親을 보배로 여기소서"라고 하였다.

〈진서秦誓〉에는 "만약 하나의 신하가 있어 단단斷斷하되 다른 재주가 없으나 그 마음이 휴휴休休하여 남을 용납함이 있을 듯하며, 남이 가진 재주를 마치 자기가 가진 듯이 여기며, 남의 언성彦聖을 그 마음에서 좋아하되, 그저 마치 자신의 입에서 나오듯 함에 그치는 것이 아니라면 이는 능히 이를 용납한다고 할 수 있으니, 능히 나의 자손과 백성(黎民)을 보우할 수 있어 오히려 역시 이로움이 있으리로다! 그러나 남에게 재주 있음을 시기하고 질투하며, 남의 언성을 위배하여 통하지 못하게 한다면 이는 능히 용납을 못하는 것이니, 나의 자손과 백성을 능히 보우할 수 없어 역시 위태롭다고 말하리로다!"라고 하였다.

오직 어진 사람만이 이를 방류放流하여 사이四夷로 몰아내어 막아 더불어 중국中國과 함께 할 수 없도록 할 수 있다. 이를 일러 오직 어진이어야만 능히 사람을 사랑할 수도 있고 능히 사람을 미워할 수 있다고 하는 것이다. 어진 이를 보고도 능히 거용하지 못하고 거용하기는 하되 앞세우지 못함은 명命, 태만이요, 불선不善을 보고도 능히 물리치지 못하고, 물리치기는 하되 멀리 보내지 못함은 과실이다. 남이 싫어하는 바를 좋아하고 남이 좋아하는 바를 미워하는 것, 이를 일러 사람의 성품을 거역하는 것이라 하니 재앙이 반드시 그 몸에 미칠 것이다. 이 까닭으로 군자는 대도大道를 가지고 있으니, 틀림없이 충忠과 신信으로 하여 이를 얻게 되고, 교만과 제멋대로 하다가 이를 잃게 되는 것이다. 재물을 생산함에도 대도大道가 있으니 생산하는 자는 많고, 이를 먹는 자는 적으며, 일 하는 자는 빠르고, 쓰는 자는 느리면 재물은 항상 풍족하게 될 것이다. 어진 자는 재물로써 자신을 발흥시키고 어질지 못한 자는 자신으로써 재물을 일으킨다. 윗사람이 인仁을 좋아하는데도 아랫사람이 의를 좋아하지 않는 경우란 없다. 의를 좋아하는데도 그 일이 끝마치지 못하는 경우란 없으며, 부고府庫의 재물이 그 사람의 재물이 아닌 경우란 없다.

맹헌자孟獻子는 "마승馬乘을 갖추는 자는 닭과 돼지 기르는 일을 살피지 말아야 하고 벌빙지가伐冰之家 정도라면 소나 양을 길러서는 안 되며, 백승지가百乘之家에서는 취렴지신聚斂之臣을 길러서는 안 된다. 차라리 취렴지신을 둘지언정 차라리 도신盜臣을 두리라"라 하였다.

이를 일러 나라는 이익으로 이익을 삼을 것이 아니라, 의義로써 이익을 삼아야 한다는 것이다. 국가의 어른이면서 재용財用을 힘쓰는 일은 반드시 소인小人으로부터 시작된다. 저 사람이 잘한다고 여겨 소인을 시켜 국가를 다스리게 하면 재앙과 해악이 함께 이른다. 비록 잘하는 자가 있다 해도 역시 어찌할 수가 없는 것이다! 이를 일러 나라는 이익으로써 이익을 삼을 것이 아니라, 의로써 이익을 삼아야 한다는 것이다.

所謂平天下在治其國者: 上老老而民興孝, 上長長而民興弟, 上恤孤而民不倍, 是以君子有絜矩之道也.㊀

所惡於上, 毋以使下; 所惡於下, 毋以事上; 所惡於前, 毋以先後; 所惡於後, 毋以從前; 所惡於右, 毋以交於左; 所惡於左, 毋以交於右: 此之謂絜矩之道.㊁

詩云:「樂只君子, 民之父母.」民之所好好之, 民之所惡惡之, 此之謂民之父母.㊂

詩云:「節彼南山, 維石巖巖, 赫赫師尹, 民具爾瞻.」有國者不可以不愼, 辟則爲天下僇矣.㊃

詩云:「殷之未喪師, 克配上帝; 儀監于殷, 峻命不易.」道得衆則得國, 失衆則失國.㊄

是故君子先愼乎德. 有德此有人, 有人此有土, 有土此有財, 有財此有用.㊅

德者本也, 財者末也.㊆

外本內末, 爭民施奪.㊇

是故財聚則民散, 財散則民聚.㊈

是故言悖而出者, 亦悖而入; 貨悖而入者, 亦悖而出. ⊕

康誥曰:「惟命不于常!」道善則得之, 不善則失之矣. ⊖

楚書曰:「楚國無以爲寶, 惟善以爲寶.」⊜

舅犯曰:「亡人無以爲寶, 仁親以爲寶.」⊝

秦誓曰:「若有一个臣, 斷斷兮無他技, 其心休休焉, 其如有容焉. 人之有技, 若己有之, 人之彥聖, 其心好之, 不啻若自其口出, 寔能容之, 以能保我子孫黎民, 尚亦有利哉! 人之有技, 媢疾以惡之, 人之彥聖, 而違之俾不通, 寔不能容, 以不能保我子孫黎民, 亦曰殆哉!」⊛

唯仁人放流之, 迸諸四夷, 不與同中國. 此謂唯仁人爲能愛人, 能惡人. ⊜

見賢而不能擧, 擧而不能先, 命也; 見不善而不能退, 退而不能遠, 過也. ⊜

好人之所惡, 惡人之所好, 是謂拂人之性, 菑必逮夫身. ⊜

是故君子有大道, 必忠信以得之, 驕泰以失之. ⊛

生財有大道, 生之者衆, 食之者寡, 爲之者疾, 用之者舒, 則財恆足矣. ⊜

仁者以財發身, 不仁者以身發財. ⊕

未有上好仁而下不好義者也. 未有好義其事不終者也, 未有府庫財非其財者也. ⊜

孟獻子曰:「畜馬乘不察於雞豚, 伐冰之家不畜牛羊,百乘之家不畜聚斂之臣, 與其有聚斂之臣, 寧有盜臣.」
此謂國不以利爲利, 以義爲利也.㉓

　長國家而務財用者, 必自小人矣. 彼爲善之, 小人之使
爲國家, 菑害並至. 雖有善者, 亦無如之何矣! 此謂國
不以利爲利, 以義爲利也.㉔

【老老】 노인을 노인으로 대접함.《孟子》梁惠王(上, 007)에 「老吾老, 以及人
　之老; 幼吾幼, 以及人之幼, 天下可運於掌」이라 함.

【長長】 어른을 어른으로 대접함.

【孤】 어려서 부모 없는 경우를 孤라 하여 나라에서 구제해야 할 대상으로 여겼음.

【絜矩之道】 絜은 '재다, 측량하다'의 뜻. 矩는 방을 그리는 자. 남의 사정을 살펴
　잘 헤아려 줌을 뜻함. 絜은 '혈'로 읽음.

【師尹】 周나라 太師인 尹氏.

【儋】 戮과 같음.

【爭民施奪】 백성으로 하여금 서로 빼앗도록 가르치다의 뜻.

【楚書】《國語》楚語 下 223에 있는 말. "王孫圉聘於晉, 定公饗之, 趙簡子鳴玉以相,
問於王孫圉曰:「楚之白珩猶在乎?」對曰:「然.」簡子曰:「其爲寶也, 幾何矣?」曰:
「未嘗爲寶. 楚之所寶者, 曰觀射父, 能作訓辭, 以行事於諸侯, 使無以寡君爲口實.
又有左史倚相, 能道訓典, 以敍百物, 以朝夕獻善敗於寡君, 使寡君無忘先王之業;
又能上下說於鬼神, 順道其欲惡, 使神無有怨痛於楚國. 又有藪曰雲連徒洲, 金木竹
箭之所生也. 龜·珠·角·齒·皮·革·羽·毛, 所以備賦, 以戒不虞者也; 所以共幣帛,
以賓享於諸侯者也. 若諸侯之好幣具, 而導之以訓辭, 有不虞之備, 而皇神相之, 寡君
其可以免罪於諸侯, 而國民保焉. 此楚國之寶也. 若夫白珩, 先王之玩也, 何寶之焉?
圉聞國之寶六而已. 聖能制議百物, 以輔相國家, 則寶; 玉足以庇陰嘉穀, 使無水旱
之災, 則寶之; 龜足以憲臧否, 則寶之; 珠足以禦火災, 則寶之; 金足以禦兵亂, 則寶之;
山林藪澤足以備財用, 則寶之. 若夫嘩囂之美, 楚雖蠻夷, 不能寶也.."라 함.

【舅犯】 狐偃, 春秋時代 晉나라 사람. 春秋五霸의 하나인 晉文公을 모시고 19년간
　망명생활을 했던 문공(重耳)의 외삼촌.《史記》晉世家 참조.

【亡人】 망명 중인 사람. 여기서는 晉文公 重耳를 가리킴.

【秦誓】《書經》周書의 편명.

【斷斷】 誠一한 모습. 결단성이 있어 뛰어남.

【休休】 밝고 아름다움.

【彦聖】 훌륭하고 성스러움. 아름답고 通明하다의 뜻.

【个】 형태가 비슷하여 일부 본에 '介'로 잘못된 곳이 있음.

【不啻】 '~할 뿐만 아니라'의 뜻. 啻는 '시'로 읽음.

【黎民】 일반 백성, 黎는 衆의 뜻.

【媢疾】 질투. 남을 시기함. 媢는 '모'로 읽음.

【放流】 放逐, 追放과 같음.

【迸】 屛과 같음. 가로막아 배척함. '병'으로 읽음.

【四夷】 中原 이외 지역을 폄하하여 일컫는 말. 흔히 東夷·北狄·西戎·南蠻 으로 구분함.

【驕泰】 거만함.

【孟獻子】 魯나라의 어진 대부인 仲孫蔑.

【畜】 '기르다'의 뜻. 여기서는 '구비하다'의 뜻으로 풀이함. '훅'으로 읽음.

【畜馬乘】 선비로서 初試를 거쳐 대부가 된 자. 네 필 말을 갖출 수 있는 지위가 됨을 말함. 畜은 '훅'으로 읽음.

【伐冰之家】 卿, 大夫 이상으로 제사 때에 얼음을 채취하여 제사에 사용할 수 있는 집안.

【百乘之家】 采邑을 가질 수 있는 신분의 집안.

【聚斂之臣】 세금을 가혹하게 모으는 신하.

陶山本 닐온 밧 天下(텬하)를 平(평)히 홈이 그 나라흘 다스림애 잇다 홈은 上(샹)이 늘근이를 늘근이로 ᄒᆞ욤애 民(민)이 孝(효)애 興(흥) ᄒᆞ며 上(샹)이 얼운을 얼운으로 ᄒᆞ욤애 民(민)이 弟(뎨)에 興(흥)ᄒᆞ며 上(샹)이 孤(고)를 恤(휼)홈애 民(민)이 倍(비)티 아니ᄒᆞᄂᆞ니 일로써 君子(군ᄌᆞ) ㅣ 矩(구)로 絜(혈)ᄒᆞᄂᆞᆫ 道(도) ㅣ 인ᄂᆞ니라

上(샹)에 아쳐ᄒᆞᄂᆞᆫ 바로써 下(하)를 브리디 말며 下(하)에 아쳐ᄒᆞᄂᆞᆫ 바로써 上(샹)을 셤기디 말며 前(젼)에 아쳐ᄒᆞᄂᆞᆫ 바로써 後(후)에 몬져 말며 後(후)에 아쳐ᄒᆞᄂᆞᆫ 바로써 前(젼)에 從(죵)티 말며 右(우)에 아쳐ᄒᆞᄂᆞᆫ 바로써 左(자)에 交(교)티 말며 左(자)에 아쳐ᄒᆞᄂᆞᆫ 바로써 右(우)에 交(교)티 마롬이 이를 닐온 矩(구)로 絜(혈)ᄒᆞᄂᆞᆫ 道(도) ㅣ 니라

詩(시)예 닐오디 나온 君子(군ᄌᆞ) ㅣ여 民(민)의 父母(부모) ㅣ라 ᄒᆞ니 民(민)의 됴하ᄒᆞᄂᆞᆫ 바를 됴히 너기며 民(민)의 아쳐ᄒᆞᄂᆞᆫ 바를 아쳐홈이 이를 닐온 民(민)의 父母(부모) ㅣ 니라

詩(시)예 닐오디 節(졀)ᄒᆞ며 南山(남산)이여 石(셕)이 巖巖(암암)ᄒᆞ도다 赫赫(혁혁)ᄒᆞᆫ 師(스) ㅣ언 尹(윤)이여 民(민)이 다 너를 본다 ᄒᆞ니 나라흘 둔ᄂᆞᆫ 者(쟈) ㅣ 可(가)히 써 삼가디 아니티 몯홈 거시니 辟(벽)ᄒᆞ면 天下(텬하)의 僇(륙)이 되ᄂᆞ니라

詩(시)예 닐오디 殷(은)이 師(스)를 喪(상)티 아니ᄒᆞ야신 제 능히 上帝(샹뎨)끠 配(비)ᄒᆞ엿더니 맛당히 殷(은)에 볼 디어다 큰 命(명)이 쉽디 아니타 ᄒᆞ니 衆(즁)을 어드면 나라흘 얻고 衆(즁)을 일흐면 나라흘 일홈을 니르니라

이런 故(고)로 君子(군ᄌᆞ)는 몬져 德(덕)을 삼가ᄂᆞ니 德(덕)이 이시면 이에 사ᄅᆞᆷ이 잇고 사ᄅᆞᆷ이 이시면 이에 짜히 잇고 짜히 이시면 이에 財(지) ㅣ 잇고 財(지) ㅣ 이시면 이에 用(용)이 인ᄂᆞ니라

德(덕)은 本(본)이오 財(지)는 末(말)이니

本(본)을 外(외)ᄒᆞ고 末(말)을 內(닉)ᄒᆞ면 民(민)을 爭(징)케 ᄒᆞ야 奪(탈)을 施(시)홈이니라

이런 故(고)로 財(지) ㅣ 모드면 民(민)이 흐터디고 財(지) ㅣ 흐트면 民(민)이 몬ᄂᆞ니라

이런 故(고)로 말이 悖(패)호야 난 者(쟈)는 또흔 悖(패)호야 들고 貨(화)ㅣ
悖(패)호야 든 者(쟈)는 또흔 悖(패)호야 나느니라

康誥(강고)애 골오듸 오직 命(명)은 덜덜흔 듸 아닌느다 호니 善(션)호면
얻고 善(션)티 아니호면 일홈을 니르니라

楚書(초셔)애 골오듸 楚(초)ㅅ 나라흔 뼈 寶(보) 삼을 거시 업고 오직 어디니를
뼈 寶(보) 삼느다 호니라

舅(구)ㅣ언 犯이(범) 골오듸 亡(망)흔 사룸은 뼈 寶(보) 삼을 거시 업고
親(친)을 仁(신)홈을 뼈 寶(보) 삼으라 호니라

秦誓(진셔)애 골오듸 만일에 흔낫 臣(신)이 斷斷(단단)호고 다른 지죄 업스나
그 무음이 休休(휴휴)혼듸 그 용납홈이 인는 듯 혼다라 사룸의 지조둠을 몸이
둠 구티 호며 사룸의 彦聖(언셩)을 그 무음애 됴히 너기미 그 입오로브터
남 구틀 쌘니 안이면 진실로 能(능)히 용납는 디라 뼈 能(능)히 우리 子孫
(즈손)과 黎民(려민)을 保(보)호리니 거의 또흔 利(리) 이시린뎌 사룸의 지조
둠을 媢疾(모질)호야 뼈 아쳐호며 사룸의 彦聖(언셩)을 違(위)호야 호여곰
通(통)티 몯게 호면 진실로 能(능)히 용납디 몯호는 디라 뼈 能(능)히 우리
子孫(즈손)과 黎民(려민)을 保(보)티 몯호리니 또흔 골온 위틱호린뎌

오직 仁(신)흔 사룸이사 放流(방류)호야 四夷(스이)예 迸(병)호야 더브러
中國(듕국)에 同(동)티 아니호느니 이 닐온 오직 仁(신)흔 사룸이사 能(능)히
사룸을 스랑호며 能(능)히 사룸을 아쳐홈이니라

어디니를 보고 能(능)히 擧(거)티 몯호며 擧(거)호듸 能(능)히 몬져 몯홈이
慢(만)홈이오 어디디 안인 이를 보고 能(능)히 退(퇴)티 몯호며 退(퇴)호듸
能(능)히 멀리 몯홈이 過(과)ㅣ니라

사룸의 아쳐호는 바를 됴히 너기며 사룸의 됴히 너기는 바를 아쳐홈이 이
닐온 사룸의 性(셩)을 拂(블)홈이라 菑(직)ㅣ 반두시 몸애 믿느니라

이런 故(고)로 君子(군즈)ㅣ 큰 道(도)ㅣ 이시니 반두시 忠(튱)과 信(신)으로
뼈 얻고 驕(교)와 泰(태)로뼈 일르니라

財(지)를 生(싱)호욤이 큰 道(도)ㅣ 이시니 生(싱)홀 者(쟈)ㅣ 衆(즁)호고
食(식)홀 者(쟈)ㅣ 寡(과)호며 爲(위)홀 者(쟈)ㅣ 疾(질)호고 用(용)홀 者(쟈)ㅣ
舒(셔)호면 곧 財(지)ㅣ 덜덜이 足(족)호리라

仁(신)혼 者(쟈)는 財(지)로써 몸을 發(발)ᄒ고 不仁(블신)혼 者(쟈)는 몸으로써 財(지)를 發(발)ᄒᄂ니라

上(샹)이 仁(신)을 됴히 너기고 下(하) l 義(의)를 됴히 너기디 아닐 者(쟈) l 잇디 아니니 義(의)를 됴히 너기고 그 일이 뭇디 몯홀 者(쟈) l 잇디 아니며 府庫(부고)읫 財(지) l 그 財(지) 아니니 잇디 아니ᄒ니라

孟獻子(밍헌즈) l 굴오디 馬乘(마승)치는 이ᄂ 鷄(계)와 豚(돈)에 슬피디 아니ᄒ고 冰(빙)을 伐(벌)ᄒᄂ 집은 牛(우)와 羊(양)을 치디 아니ᄒ고 百乘(빅승)ㅅ 집은 聚斂(취렴)ᄒᄂ 臣(신)을 치디 아니ᄒᄂ니 그 聚斂(취렴)ᄒᄂ 臣(신) 둠으로 더브러론 출하리 盜臣(도신)을 둘 디라 ᄒ니 이 닐온 나라흔 利(리)로써 利(리)를 삼디 아니ᄒ고 義(의)로써 利(리)를 삼오미니라

國家(국가)에 長(댱)ᄒ야 財用(지용)을 힘쓰는 이ᄂ 반ᄃ시 小人(쇼신)으로 브테니 小人(쇼신)으로 ᄒ여곰 國家(국가)를 ᄒ게 ᄒ면 菑(지)와 害(해) l 굴와 니를 디라 비록 어딘 者(쟈) l 이시나 ᄯᅩ흔 엇디려뇨 홈이 업스리니 이 닐온 나라흔 利(리)로써 利(리)를 삼디 아니ᄒ고 義(의)로써 利(리)를 삼오미니라

닐온 밧 天下(텬하)를 平(평)히 ᄒ기 그 國(국)을 治(티)호매 잇다 호믄 上(샹)이 老(로)를 老(로)호매 民(민)이 孝(효)를 興(흥)ᄒ며 上(샹)이 長(댱)을 長(댱)호매 民(민)이 弟(뎨)를 興(흥)ᄒ며 上(샹)이 孤(고)를 恤(휼)호매 民(민)이 倍(빅)티 아니ᄒᄂ니 일로써 君子(군즈) l 矩(구)로 絜(혈)ᄒᄂ 道(도)를 둣ᄂ니라

上(샹)의게 惡(오)ᄒᄂ 바로써 下(하)를 使(ᄉ)티 말며 下(하)의게 惡(오)ᄒᄂ 바로써 上(샹)을 事(ᄉ)티 말며 前(젼)의게 惡(오)ᄒᄂ 바로써 後(후)의 先(션)티 말며 後(후)의게 惡(오)ᄒᄂ 바로써 前(젼)의 從(죵)티 말며 右(우)의게 惡(오)ᄒᄂ 바로써 左(자)의 交(교)티 말며 左(자)의게 惡(오)ᄒᄂ 바로써 右(우)의 交(교)티 마로미 이 닐온 矩(구)로 絜(혈)ᄒᄂ 道(도) l 니라

詩(시)예 닐오디 樂(락)혼 君子(군즈) l 여 民(민)의 父母(부모) l 라 ᄒ니 民(민)의 好(호)ᄒᄂ 바를 好(호)ᄒ고 民(민)의 惡(오)ᄒᄂ 바를 惡(오)호미 이 닐온 民(민)의 父母(부모) l 니라

詩(시)예 닐오딕 節(졀)ᄒ뎌 南山(남산)이여 石(셕)이 巖巖(암암)ᄒ도다
赫赫(혁혁)ᄒᆫ 師尹(ᄉ윤)이여 民(민)이 다 爾(이)를 瞻(쳠)ᄒ다 ᄒ니 國(국)을
둣는 者(쟈)ㅣ 可(가)히 ᄡᅥ 愼(신)티 아니티 몯홀 디니 辟(벽)ᄒ면 天下(텬하)의
僇(륙)이 되리라

詩(시)예 닐오딕 殷(은)의 師(ᄉ)를 喪(상)티 아닌 제 上帝(샹뎨)를 克(극)히
配(ᄇᆡ)ᄒ더니 맛당히 殷(은)의 監(감)홀 디어다 峻(쥰)ᄒᆫ 命(명)이 易(이)티
아니타 ᄒ니 衆(듕)을 得(득)ᄒ면 國(국)을 得(득)ᄒ고 衆(듕)을 失(실)ᄒ면
國(국)을 失(실)호ᄆᆞᆯ 니ᄅᆞ니라

이런 故(고)로 君子(군ᄌ)ᄂᆞᆫ 몬져 德(덕)의 愼(신)홀 디니 德(덕)을 두면
이에 人(인)을 둘 디오 人(인)을 두면 이에 土(토)를 둘 디오 土(토)를 두면
이에 財(ᄌᆡ)를 둘 디오 財(ᄌᆡ)를 두면 이에 用(용)을 둘 디니라

德(덕)은 本(본)이오 財(ᄌᆡ)ᄂᆞᆫ 末(말)이니

本(본)을 外(외)ᄒ고 末(말)을 內(ᄂᆡ)ᄒ면 民(민)을 爭(징)케 ᄒᆞ야 奪(탈)로
施(시)호ᄆᆞ니라

이런 故(고)로 財(ᄌᆡ)ㅣ 聚(취)ᄒ면 民(민)이 散(산)ᄒ고 財(ᄌᆡ)ㅣ 散(산)ᄒ면
民(민)이 聚(취)ᄒᆞᄂᆞ니라

이런 故(고)로 言(언)이 悖(패)ᄒ야 出(츌)ᄒ 者(쟈)ㅣ ᄯᅩᄒᆫ 悖(패)ᄒ야
入(입)ᄒ며 貨(화)ㅣ 悖(패)ᄒ야 入(입)ᄒ 者(쟈)ㅣ ᄯᅩᄒᆫ 悖(패)ᄒ야 出(츌)
ᄒᆞᄂᆞ니라

康誥(강고)의 글오딕 오직 命(명)은 常(샹)티 아니타 ᄒ니 善(션)ᄒ면 得(득)
ᄒ고 善(션)티 몯ᄒ면 失(실)호ᄆᆞᆯ 니ᄅᆞ니라

楚書(초셔)의 글오딕 楚(초)ㅅ 나라ᄒᆞᆫ ᄡᅥ 寶(보) 사ᄆᆞᆯ 거시 업고 오직 善(션)
으로ᄡᅥ 寶(보)를 삼ᄂᆞ다 ᄒ니라

舅犯(구범)이 글오딕 亡人(망인)은 ᄡᅥ 寶(보) 사ᄆᆞᆯ 거시 업고 親(친)을
仁(인)호ᄆᆞ로ᄡᅥ 寶(보)를 사ᄆᆞᆯ 디라 ᄒ니라

秦誓(진셔)의 글오딕 만일 一介(일개) 臣(신)이 斷斷(단단)코 다ᄅᆞᆫ 지죄
업스나 그 ᄆᆞ음이 休休(휴휴)ᄒᆞ미 그 容(용)ᄒ미 잇는 듯 ᄒ더라 人(인)의
技(기)두믈 긔(긔) 둠 ᄀᆞ티 너기며 人(인)의 彦(언)과 聖(셩)을 그 ᄆᆞ음의
好(호)ᄒᆞ미 그 口(구)로브터 남ᄀᆞ티 너길 ᄲᅮᆫ 아니면 진실로 能(능)히 容(용)홀

디라 뻐 能(능)히 우리 子孫(즈손)이며 黎民(려민)을 保(보)홀 디니 거의
쏘흔 利(리) 이시린뎌 人(인)의 技(기)두믈 媢疾(모질)ᄒ야 뻐 惡(오)ᄒ며
人(인)의 彦(언)과 聖(셩)을 違(위)ᄒ야 히여곰 通(통)티 몯게 ᄒ면 진실로
能(능)히 容(용)티 몯홀 디라 뻐 能(능)히 우리 子孫(즈손)이며 黎民(려민)을
保(보)티 몯홀 디라 쏘흔 글온 殆(티)ᄒ뎌 ᄒ니라

오직 仁人(인인)이아 放流(방류)ᄒ야 四夷(ᄉ이)예 迸(병)ᄒ야 더브러 中國
(듕국)을 同(동)티 아니ᄒᄂ니 이 닐온 오직 仁人(인인)이아 能(능)히 人(인)을
愛(ᄋᆡ)ᄒ며 能(능)히 人(인)을 惡(오)호미니라

賢(현)을 보고 能(능)히 擧(거)티 몯ᄒ며 擧(거)호ᄃᆡ 能(능)히 先(션)티
몯호미 慢(만)호미오 不善(블션)을 보고 能(능)히 退(퇴)티 몯ᄒ며 退(퇴)호ᄃᆡ
能(능)히 遠(원)티 몯호미 過(과)] 니라

人(인)의 惡(오)ᄒᄂ 바를 好(호)ᄒ고 人(인)의 好(호)ᄒᄂ 바를 惡(오)호미
이 닐온 人(인)의 性(셩)을 拂(블)호미라 菑(직) 반ᄃ시 身(신)의 미츨 디니라

이런 故(고)로 君子(군즈)] 큰 道(도)] 이시니 반ᄃ시 忠信(튱신)ᄒ야
뻐 得(득)ᄒ고 驕泰(교태)ᄒ야 뻐 失(실)홀 디니라

財(직)를 生(싱)ᄒ기 큰 道(도)] 이시니 生(싱)홀 者(쟈)] 衆(즁)ᄒ고
食(식)홀 者(쟈)] 寡(과)ᄒ며 爲(위)홀 者(쟈)] 疾(질)ᄒ고 用(용)홀 者(쟈)]
舒(셔)ᄒ면 財(직)] 흥샹 足(죡)ᄒ리라

仁(인)흔 者(쟈)ᄂ 財(직)로뻐 身(신)을 發(발)ᄒ고 仁(인)티 아닌 者(쟈)ᄂ
身(신)으로뻐 財(직)를 發(발)ᄒᄂ니라

上(샹)이 仁(인)을 好(호)코 下(하)] 義(의)를 好(호)티 아닐 者(쟈)]
잇디 아니니 義(의)를 好(호)코 그 事(ᄉ)] 終(죵)티 몯홀 者(쟈)] 잇디
아니며 府庫(부고)의 財(직)] 그 財(직)] 아닌 者(쟈)] 잇디 아니니라

孟獻子(ᄆᆡᆼ헌즈)] 글오ᄃᆡ 馬乘(마승)을 畜(흑)ᄒᄂ니ᄂ 雞(계)와 豚(돈)의
察(찰)티 아니ᄒ고 冰(빙)을 伐(벌)ᄒᄂ 家(가)ᄂ 牛羊(우양)을 畜(흑)디
아니ᄒ고 百乘(ᄇᆡᆨ승)의 家(가)ᄂ 聚斂(ᄎᆔ렴)ᄒᄂ 臣(신)을 畜(흑)디 아니홀
디니 다믓 그 聚斂(ᄎᆔ렴)ᄒᄂ 臣(신)을 두모론 출히 盜(도)ᄒᄂ 臣(신)을
둘 거시라 ᄒ니 이 닐온 國(국)은 利(리)로뻐 利(리)를 삼디 아니코 義(의)로뻐
利(리)를 삼오미니라

國家(국가)의 長(댱)ᄒ야 財用(ᄌ용)을 務(무)ᄒᄂᆞᆫ 者(쟈)ᄂᆞᆫ 반ᄃᆞ시 小人 (쇼인)으로브터 ᄒᄂᆞ니 小人(쇼인)을 ᄒᆡ여곰 國家(국가)ᄅᆞᆯ ᄒᆞ면 菑害(ᄌ해) 굽 至(지)ᄒᆞᆯ 디라 비록 善者(션쟈)ㅣ 이실 디라도 ᄯᅩᄒᆞᆫ 엇디려뇨 홈도 업ᄉᆞ리니 이 닐온 國(국)은 利(리)로써 利(리)ᄅᆞᆯ 삼디 아니코 義(의)로써 利(리)ᄅᆞᆯ 사믈 거시라 ᄒᆞ미니라

◆ 集 註

010-㊀

長, 上聲. 弟, 去聲. 倍, 與背同. 絜, 胡結反.

○ 老老, 所謂老吾老也. 興, 謂有所感發而興起也. 孤者, 幼而無父之稱. 絜, 度也. 矩, 所以爲方也. 言:「此三者, 上行下效, 捷於影響, 所謂家齊而國治也.」 亦可以見人心之所同, 而不可使有一夫之不獲矣. 是以君子必當因其所同, 推以 度物, 使彼我之間各得分願, 則上下四旁均齊方正, 而天下平矣.

長은 上聲이며 弟는 去聲이다. 倍는 背와 같다. 絜은 「胡結反」(혈)이다.

○ 老老는 소위 "내 노인을 노인으로 섬긴다"*라는 것이다. 興은 感發하여 흥기함이 있음을 말한다. 孤란 어려서 부모 없는 경우의 칭호이다. 혈(絜)은 재어보다(度)의 뜻이며, 矩는 네모진 것을 만드는 것이다. "이 세 가지는 윗사람이 행하여 아랫사람이 본받음의 그 빠르기가 그림자나 메아리 같으니, 소위 집안이 가지런해지고 나라가 다스려짐이다"라고 말한 것이다. 역시 사람의 마음이 똑같아 가히 한 장부라도 살 곳을 얻지 못하게 해서는 안 된다는 것을 알 수 있다. 이 까닭으로 군자는 반드시 그 똑같다는 데에 근거하여, 미루어 물건을 헤아리되 彼我之間에 각각 그 직분과 소원을 얻게 한다면 상하, 사방이 均齊하고 方正하게 되어 천하가 태평해지도록 해야 하는 것이다.

*《孟子》梁惠王 上 007의 내용을 말함.

010-㊁

惡·先, 並去聲.

○ 此覆解上文絜矩二字之義. 如不欲上之無禮於我, 則必以此度下之心, 而亦不敢以此無禮使之. 不欲下之不忠於我, 則必以此度上之心, 而亦不敢以此不忠事之. 至於前後左右, 無不皆然, 則身之所處, 上下·四旁·長短·廣狹·彼此如一, 而無不方矣. 彼同有是心而興起焉者, 又豈有一夫之不獲哉? 所操者約, 而所及者廣, 此平天下之要道也. 故章內之意, 皆自此而推之.

惡(오)와 先은 모두가 去聲이다.

○ 이는 윗글「絜矩」두 글자의 뜻을 반복하여 풀이한 것이다. 만약 윗사람이 나에게 무례히 하지 않게 하고자 한다면 반드시 이로써 아랫사람의 마음을 헤아려 역시 감히 이런 무례함으로 그를 부려서는 안 된다. 아랫사람이 나에게 불충하게 굴지 않기를 바란다면 반드시 이로써 윗사람의 마음을 헤아려 역시 감히 이런 불충으로 그를 모셔서는 안 되는 것이다. 前後左右에 이르러서도 모두 그렇지 않음이 없다면 그 몸이 처한 바, 上下, 四旁(四方), 長短, 廣狹, 彼此가 한결같이 方正하지 않음이 없게 된다. 저 사람도 똑같이 이런 마음을 가지고 있어서 그에 흥기하는 것이니 또한 어찌 한 장부라도 살 곳을 얻지 못함이 있겠는가? 잡고 있는 바가 要約되어 있으면서 그 미치는 바가 넓으니, 이것이 천하를 평안히 하는 要道인 것이다. 그러므로 이 章 안의 뜻은 모두가 이로부터 미루어 나간 것이다.

010-㊂

樂, 音洛. 只, 音紙. 好·惡, 並去聲, 下並同.

○ 詩, 小雅南山有臺之篇. 只, 語助辭. 言:「能絜矩而以民心爲己心, 則是愛民如子, 而民愛之如父母矣.」

樂은 음이 락(洛)이다. 只는 음이 지(紙)이다. 好와 惡(오)는 모두가 去聲이며 아래도 모두 같다.

○ 《詩》는 小雅 南山有臺篇이다. 只는 어조사이다. "능히 혈구(絜矩)하여

백성의 마음으로써 자기의 마음을 삼는다면 이는 백성을 사랑하기를 자기 자식처럼 하고, 백성이 그를 사랑하기를 부모처럼 여기게 된다"라고 말한 것이다.

010-㉌

節, 讀爲截. 辟, 讀爲僻. 僇, 與戮同.
○ 詩, 小雅節南山之篇. 節, 截然高大貌. 師尹, 周太師尹氏也. 具, 俱也. 辟, 偏也. 言「在上者人所瞻仰, 不可不謹. 若不能絜矩而好惡殉(徇)於一己之偏, 則身弑國亡, 爲天下之大戮矣.」

節은 절(截)로 읽는다. 辟은 벽(僻)으로 읽는다. 僇은 戮과 같다.
○ 《詩》는 小雅 節南山篇이다. 節은 뚝 끊어진 듯 높고 큰 모습이다. 師尹은 周나라때 太師인 尹氏이다. 具는 俱이다. 辟은 偏이다. "윗자리에 있는 자는 사람이 우러러보는 바이니 가히 삼가지 않을 수 없다. 만약 혈구하지 못한 채 호오(好惡)가 자기 한 사람의 치우침에 따르게 되면 그 자신은 죽고 나라도 망하여 천하의 큰 죽음이 될 것이다"라고 말한 것이다.

010-㉍

喪, 去聲. 儀, 詩作宜. 峻, 詩作駿. 易, 去聲.
○ 詩, 文王篇. 師, 衆也. 配, 對也. 配上帝, 言其爲天下君, 而對乎上帝也. 監, 視也. 峻, 大也. 不易, 言難保也. 道, 言也. 引詩而言此, 以結上文兩節之意. 有天下者, 能存此心而不失, 則所以絜矩而與民同欲者, 自不能已矣.

喪은 去聲이다. 儀는 詩에는 宜로 되어 있고, 峻은 시에는 駿으로 되어 있다. 이(易)는 去聲이다.
○ 《詩》는 文王篇이다. 師는 衆이디. 配는 對이다. 配上帝는 ㅗ가 천하의 임금이 되어 上帝를 상대함을 말한다. 監은 視이다. 峻은 大이다. 不易는 지키기 어려움을 말한다. 道는 言이다. 詩를 인용하여 이를 말하여, 윗글 두 구절의 뜻을 맺은 것이다. 천하를 가진 자가 능히 이런 마음을 보존하여 잃지 않는다면 혈구(絜矩)하여 백성과 함께 하고자 함은 스스로도 그만 둘 수 없게 될 것이다.

010-六

先愼(謹)乎德, 承上文不可不愼而言. 德, 卽所謂明德. 有人, 謂得衆. 有土, 謂得國. 有國則不患無財用矣.

'先愼乎德'이란 윗글의 不可不愼을 이어받아서 한 말이다. 德이란 바로 소위 말하는 明德이다. 有人은 무리를 얻음을 말하고, 有土란 나라를 얻음을 말한다. 나라가 있으면 財用이 없음을 걱정할 것이 없게 된다.

010-七

本上文而言.

윗글을 本으로 하여 말한 것이다.

010-八

人君以德爲外, 以財爲內, 則是爭鬪其民, 而施之以劫奪之敎也. 蓋財者人之所同欲, 不能絜矩而欲專之, 則民亦起而爭奪矣.

임금이 덕으로써 밖을 삼고, 재물로써 안을 삼는다면 이는 그 백성을 쟁투하게 하여 겁탈의 가르침을 베푸는 것이다. 대체로 재물이란 사람이라면 똑같이 욕구하는 바이다. 이를 능히 혈구하지 못하여 專有하고자 한다면 백성 역시 일어나 쟁탈하게 되는 것이다.

010-九

外本內末故財聚, 爭民施奪故民散, 反是則有德而有人矣.

本을 밖으로 하고 末을 안으로 하기 때문에 재물이 모이는 것이요, 백성을 다투게 하고 빼앗도록 하기 때문에 백성이 흩어지는 것이다. 이와 반대로 하면 덕이 있게 되고 사람이 있게 되는 것이다.

010-⑮

悖, 布内反.

○ 悖, 逆也. 此以言之出入, 明貨之出入也. 自先愼乎德以下至此, 又因財貨以明
能絜矩與不能者之得失也.

悖는 「布内反」(패)이다.

○ 悖는 逆이다. 이는 말의 出入으로써 재화의 出入을 설명한 것이다. 「先愼乎德」
으로부터 이곳까지 또한 재화를 근거로 능히 혈구하는 경우와 그렇지 못한
경우의 득실을 설명한 것이다.

010-⑯

道, 言也. 因上文引文王詩之意而申言之, 其丁寧反覆之意, 益深切矣.

道는 言이다. 윗글에 인용한 文王詩의 뜻을 근거로 펴 말한 것으로, 그
丁寧*한 반복의 뜻이 더욱 깊고 절실하다.

* 丁寧: 疊韻 聯綿語로서 자상하다는 뜻이다. '叮嚀'으로도 쓴다.

010-⑰

楚書, 楚語. 言不寶金玉而寶善人也.

楚書는 楚語*이다. "금옥을 보배로 여기는 것이 아니라 善人을 보배로 여긴다"
라고 말한 것이다.

* 《國語》楚語下, 223 「王孫圉論國之寶」조를 참조할 것.

010-⑱

舅犯, 晉文公舅狐偃, 字子犯. 亡人, 文公時爲公子, 出亡在外也. 仁, 愛也. 事見檀弓.
此兩節又明「不外本而内末」之意.

舅犯은 晉文公*의 외삼촌인 狐偃으로 자는 子犯이다. 亡人이란 文公이 당시 公子로써 망명하여 밖에 있었다. 仁은 愛이다. 이는 檀弓(《禮記》 檀弓篇)을 보라. 이 두 구절은 다시 「不外本而内末」의 뜻을 설명한 것이다.

* 晉文公: 춘추오패의 하나. B.C.636~628 재위. 이름은 重耳.

010-⑭

个, 古賀反, 書作介. 斷, 丁亂反. 媢, 音冒.

○ 秦誓, 周書. 斷斷, 誠一之貌. 彦, 美士也. 聖, 通明也. 尙, 庶幾也. 媢, 忌也. 違, 拂戾也. 殆, 危也.

个는 「古賀反」(개)이며 《書》에는 介로 되어 있다. 斷은 「丁亂反」(단)이다. 媢는 음이 모(冒)이다.
○ 秦誓는 《書經》 周書이다. 斷斷은 성실함이 한결 같은 모습이다. 彦은 아름다운 선비이다. 聖은 通明함이다. 尙은 庶幾(거의~하다)이다. 媢는 忌이다. 違는 뒤틀려 어그러짐이다. 殆는 危이다.

010-⑮

迸, 讀爲屛, 古字通用.

○ 迸, 猶逐也. 言:「有此媢疾之人, 妨賢而病國, 則仁人必深惡而痛絶之.」 以其至公無私, 故能得好惡之正如此也.

迸은 병(屛)으로 읽으며 古字로 통용된다.
○ 迸은 逐과 같다. "이런 媢疾之人이 있어 어진 이를 훼방하고 나라를 병들게 한다면 어진 이가 반드시 깊이 미워하여 통탄하며 끊어 버린다"라고 말한 것이다. 그가 至公無私하기 때문에 능히 好惡의 바름을 얻음이 이와 같다는 것이다.

010-⑯

命, 鄭氏云:「當作慢.」 程子云:「當作怠.」 未詳孰是. 遠, 去聲.

○ 若此者, 知所愛惡矣, 而未能盡愛惡之道, 蓋君子而未仁者也.

命에 대하여 鄭氏(鄭玄)는 "의당 慢이어야 한다"라 하였고, 정자(程頤)는 "마땅히 怠자여야 한다"라 하였다. 어느 것이 맞는지 未詳이다. 遠은 去聲이다.

○ 이와 같은 자는 사랑하고 미워할 바를 알기는 하되 능히 愛惡의 도를 다하지는 못한 것이니, 대체로 군자이기는 하되 아직 어질지는 못한 자이다.

010-㐌

菑, 古災字. 夫, 音扶.
○ 拂, 逆也. 好善而惡惡, 人之性也; 至於拂人之性, 則不仁之甚者也. 自秦誓至此, 又皆以申言好惡・公私之極, 以明上文所引南山有臺・節南山之意.

菑는 옛날의 災자이다. 夫는 음이 부(扶)이다.
○ 拂은 逆이다. 선을 좋아하고 악을 미워함은 사람의 性이다. 사람의 性을 거역함에 이른다면 어질지 못함이 심한 경우이다. 秦誓로부터 여기까지는 다시금 모두 好惡와 公私의 지극함을 申言하여 윗글에 인용된 南山有臺와 節南山의 뜻을 설명한 것이다.

010-㐨

君子, 以位言之. 道, 謂居其位而修己治人之術. 發己自盡爲忠, 循物無違謂信. 驕者, 矜高, 泰者, 侈肆. 此因上所引文王・康誥之意而言. 章內三言得失, 而語益加切, 蓋至此而天理存亡之幾決矣.

군자는 직위로써 말한 것이다. 道는 그 직위에 거하면서 자신을 수양하고 남을 다스리는 기술을 말한다. 자기를 발흥시켜 스스로 극진히 하면 忠이 되고 물건에 따라 거스름이 없는 것을 信이라 한다. 驕란 자랑하고 높은 듯이 하는 것이며, 泰는 사치하고 제멋대로 하는 것이다. 이는 위에 인용한 文王詩, 康誥의 뜻을 근거하여 말한 것이다. 章內에 得失을 세 번 말하여 말이 더욱 加切하니 대체로 여기에 이르러 天理의 存亡之幾가 판결난 것이다.

010-㉖

恆, 胡登反.

○ 呂氏曰:「國無遊民, 則生者衆矣; 朝無幸位, 則食者寡矣; 不奪農時, 則爲之疾矣; 量入爲出, 則用之舒矣.」

愚按:「此因有土・有財而言, 以明足國之道在乎務本而節用, 非必外本內末而後財可聚也. 自此以至終篇, 皆一意也.」

恆은 「胡登反」(항)이다.

○여씨(呂大臨)는 이렇게 말하였다. "나라에 떠도는 백성이 없으면 생산하는 자가 많게 되고, 조정에 요행스러운 지위가 없으면 먹는 자가 적게 된다. 농사 때를 빼앗지 않으면 일함이 빠르게 되고, 수입을 헤아려 지출을 삼으면 쓰임이 平舒해진다."

내 생각으로는 이렇다. "이는 有土와 有財를 근거한 것으로, 나라를 풍족하게 하는 도는 본에 힘쓰고 節用함에 있는 것이지, 반드시 外本內末한 후에야 재물이 모여들 수 있는 것이 아님을 설명한 것이다. 이곳부터 終篇까지는 모두 한 가지 뜻이다."

010-㉗

發, 猶起也. 仁者散財以得民, 不仁者亡身以殖貨.

發은 起와 같다. 어진 자는 재물을 흩음으로써 백성을 얻고, 어질지 못한 자는 몸을 망치면서 재물을 늘린다.

010-㉘

上好仁以愛其下, 則下好義以忠其上; 所以事必有終, 而府庫之財無悖出之患也.

윗사람이 仁을 좋아하여 아랫사람을 사랑한다면, 아랫사람이 義를 좋아하여 그 윗사람에게 충성으로써 할 것이다. 그리하여 일에는 반드시 마침이 있게 되고, 府庫의 재물이 패역스럽게 지출되는 걱정은 없게 되는 것이다.

010-㉖

畜, 許六反. 乘·斂, 並去聲.

○ 孟獻子, 魯之賢大夫仲孫蔑也. 畜馬乘, 士初試爲大夫者也. 伐冰之家, 卿大夫以上, 喪祭用冰者也. 百乘之家, 有采地者也. 君子寧亡己之財, 而不忍傷民之力; 故寧有盜臣, 而不畜聚斂之臣. 「此謂」以下, 釋獻子之言也.

畜은 「許六反」(흑)이다. 乘·斂은 모두 去聲이다.

○ 孟獻子는 魯나라의 어진 大夫인 仲孫蔑이다. 畜馬乘은 선비가 初試를 거쳐 大夫가 된 자이다. 伐冰之家란 卿, 大夫 이상으로 喪祭에 얼음을 쓰는 자이다. 百乘之家는 采地를 소유하고 있는 자이다. 군자는 차라리 자기의 재물을 잃을지언정 차마 백성의 힘을 손상시키지는 못한다. 그러므로 차라리 도적질하는 신하를 둘지언정 聚斂之臣을 기를 수 없는 것이다. 「此謂」이하는 맹헌자의 말을 풀이한 것이다.

010-㉗

長, 上聲. 「彼爲善之」, 此句上下, 疑有闕文誤字.

○ 自, 由也. 言由小人導之也. 此一節, 深明以利爲利之害, 而重言以結之, 其丁寧之意切矣.

長은 上聲이다. 「彼爲善之」의 이 구절 위 아래는 闕文과 誤字가 있는 것으로 의심된다.

○ 自는 由이다. 小人으로 말미암아 이를 이끌어 나아가게 함을 말한다. 이 一節은 以利爲利의 해를 깊이 설명한 것으로, 거듭 말하여 결론을 맺었으니 그 丁寧한 뜻이 절실하다.

右傳之十章. 釋治國·平天下.㊀

이상은 전문傳文의 10장으로 '치국治國·평천하平天下'를 풀이한 것이다.

㊀ 此章之義, 務在與民同好惡而不專其利, 皆推廣絜矩之意也. 能如是, 則親賢樂利各得其所, 而天下平矣.

이 장의 뜻은 힘씀이 백성과 好惡를 함께 하여 그 이익을 專有하지 말아야 함에 있으니, 모두가 絜矩의 뜻을 미루어 넓힌 것이다. 능히 이와 같이 한다면 親, 賢, 樂, 利가 각기 그 적소를 얻어 천하가 평안해질 것이다.

무릇 전문傳文 10장十章 앞의 4장은 강령綱領의 지취指趣를 통괄하여 논한 것이고, 뒤의 6장은 조목條目의 공부功夫를 세분하여 논한 것이다. 그 중 제5장은 바로 명선지요明善之要이며, 제6장은 성신지본誠身之本이니, 처음 배우는 자에게 있어서는 더욱 마땅히 힘써야 할 급한 것으로, 읽는 자는 그것이 비근한 것이라 하여 경홀히 해서는 안 될 것들이다.

凡傳十章: 前四章統論綱領指趣, 後六章細論條目功夫. 其第五章乃明善之要, 第六章乃誠身之本, 在初學尤爲當務之急, 讀者不可以其近而忽之也.

대

학

부 록

❦ 부록 Ⅰ

❦ 부록 Ⅱ

❦ 부록 Ⅲ

대
학

🦋 부록 I

1. 《예기禮記》〈大學〉篇

(十三經注疏本《禮記》제 41)

天命之謂性, 率性之謂道, 修大學之道, 在明明德, 在親民, 在止於至善. 知止而后有定, 定而后能靜, 靜而后能安, 安而后能慮, 慮而后能得. 物有本末, 事有終始, 知所先後, 則近道矣.

古之欲明明德於天下者, 先治其國; 欲治其國, 先齊其家; 欲齊其家者, 先脩其身; 欲脩其身者, 先正其心; 欲正其心者, 先誠其意; 欲誠其意者, 先致其知; 致知在格物.

物格而后知至, 知至而后意誠, 意誠而后心正, 心正而后身脩, 身脩而后家齊, 家齊而后國治, 國治而后天下平.

自天子以至於庶人, 壹是皆以脩身爲本. 其本亂而末治者否矣; 其所厚者薄, 而其所薄者厚, 未之有也! 此謂知本, 此謂知之至也.

所謂誠其意者: 毋自欺也, 如惡惡臭, 如好好色, 此之謂自謙. 故君子必愼其獨也!

小人閒居爲不善, 無所不至; 見君子而后厭然, 揜其不善而著其善. 人之視己, 如見其肺肝然, 則何益矣? 此謂誠於中, 形於外. 故君子必愼其獨也. 曾子曰:「十目所視, 十手所指, 其嚴乎!」富潤屋, 德潤身, 心廣體胖. 故君子必誠其意.

詩云:『瞻彼淇澳, 菉竹猗猗. 有斐君子, 如切如磋, 如琢如磨. 瑟兮僩兮, 赫兮喧兮; 有斐君子, 終不可諠兮!』如切如磋者, 道學也; 如琢如磨者, 自脩也; 瑟兮僩兮者, 恂慄也; 赫兮喧兮者, 威儀也; 有斐君子, 終不可諠兮者, 道盛德至善, 民之不能忘也.

詩云:『於戲! 前王不忘.』君子賢其賢而親其親, 小人樂其樂而利其利, 此以沒世不忘也.

康誥曰:『克明德.』大甲曰:『顧諟天之明命.』帝典曰:『克明峻德.』皆自明也.

湯之盤銘曰:『苟日新, 日日新, 又日新.』康誥曰:『作新民.』詩曰:『周雖舊邦, 其命惟新.』是故君子無所不用其極.

詩云:『邦畿千里, 惟民所止.』詩云:『緡蠻黃鳥, 止于丘隅.』子曰:「於止, 知其所止, 可以人而不如鳥乎?」詩云:『穆穆文王, 於緝熙敬止!』爲人君, 止於仁; 爲人臣, 止於敬; 爲人子, 止於孝; 爲人父, 止於慈; 與國人交, 止於信.

子曰:「聽訟, 吾猶人也, 必也使無訟乎!」無情者不得盡其辭. 大畏民志, 此謂知本.

所謂脩身在正其心者, 身有所忿懥, 則不得其正; 有所恐懼, 則不得其正; 有所好樂, 則不得其正; 有所憂患, 則不得其正. 心不在焉, 視而不見, 聽而不聞, 食而不知其味. 此謂脩身在正其心.

所謂齊其家在脩其身者: 人之其所親愛而辟焉, 之其所賤惡而辟焉, 之其所畏敬而辟焉, 之其所哀矜而辟焉, 之其所敖惰而辟焉. 故好而知其惡, 惡而知其美者, 天下鮮矣! 故諺有之曰:「人莫知其子之惡, 莫知其苗之碩.」此謂身不脩不可以齊其家.

所謂治國必先齊其家者, 其家不可教, 而能教人者, 無之. 故君子不出家, 而成教於國: 孝者, 所以事君也; 弟者, 所以事長也; 慈者, 所以使衆也. 康誥曰:『如保赤子.』心誠求之, 雖不中, 不遠矣. 未有學養子而后嫁者也! 一家仁, 一國興仁; 一家讓, 一國興讓; 一人貪戾, 一國作亂; 其機如此. 此謂一言僨事, 一人定國.

堯舜帥天下以仁, 而民從之; 桀紂帥天下以暴, 而民從之; 其所令反其所好, 而民不從. 是故君子有諸己而后求諸人, 無諸己而后非諸人. 所藏乎身不恕, 而能喩諸人者, 未之有也.

故治國在齊其家. 詩云:『桃之夭夭, 其葉蓁蓁: 之子于歸, 宜其家人.』 宜其家人, 而后 可以教國人. 詩云:『宜兄宜弟.』宜兄宜弟, 而后可以教國人. 詩云:『其儀不忒, 正是四國.』其爲父子兄弟足法, 而后民法之也. 此謂治國 在齊其家.

所謂平天下在治其國者: 上老老而民興孝, 上長長而民興弟, 上恤孤而民 不倍, 是以君子有絜矩之道也. 所惡於上, 毋以使下; 所惡於下, 毋以事上; 所惡於前, 毋以先後; 所惡於後, 毋以從前; 所惡於右, 毋以交於左; 所惡於左, 毋以交於右: 此之謂絜矩之道. 詩云:『樂只君子, 民之父母.』民之所好好之, 民之所惡惡之, 此之謂民之父母. 詩云:『節彼南山, 維石巖巖, 赫赫師尹, 民具爾瞻.』有國者不可以不愼, 辟則爲天下僇矣.

詩云:『殷之未喪師, 克配上帝; 儀監于殷, 峻命不易.』道得衆則得國, 失衆則失國.

是故君子先愼乎德. 有德此有人, 有人此有土, 有土此有財, 有財此有用. 德者本也, 財者末也. 外本內末, 爭民施奪. 是故財聚則民散, 財散則民聚. 是故言悖而出者, 亦悖而入; 貨悖而入者, 亦悖而出. 康誥曰:『惟命不于常!』 道善則得之, 不善則失之矣. 楚書曰:『楚國無以爲寶, 惟善以爲寶.』舅犯曰: 『亡人無以爲寶, 仁親以爲寶.』

秦誓曰:『若有一个臣, 斷斷兮無他技, 其心休休焉, 其如有容焉. 人之有技, 若己有之; 人之彥聖, 其心好之; 不啻若自其口出, 寔能容之, 以能保我子孫黎民, 尚亦有利哉! 人之有技, 媢嫉以惡之; 人之彥聖, 而違之俾不通; 寔不能容, 以不能保我子孫黎民, 亦曰殆哉!』

唯仁人放流之, 迸諸四夷, 不與同中國. 此謂唯仁人爲能愛人, 能惡人. 見賢而不能舉, 舉而不能先, 命也; 見不善而不能退, 退而不能遠, 過也. 好人之所惡, 惡人之所好, 是謂拂人之性, 菑必逮夫身. 是故君子有大道, 必忠信以得之, 驕泰以失之.

生財有大道, 生之者衆, 食之者寡, 爲之者疾, 用之者舒, 則財恆足矣. 仁者以財發身, 不仁者以身發財. 未有上好仁而下不好義者也. 未有好義其事不終者也, 未有府庫財非其財者也.

孟獻子曰: 『畜馬乘不察於雞豚, 伐冰之家, 不畜牛羊; 百乘之家, 不畜聚斂之臣; 與其有聚斂之臣, 寧有盜臣.』 此謂國不以利爲利, 以義爲利也. 長國家而務財用者, 必自小人矣. 彼爲善之, 小人之使爲國家, 菑害並至. 雖有善者, 亦無如之何矣! 此謂國不以利爲利, 以義爲利也.

2. 《고본대학古本大學》

《四書集註》(廣東出版社本을 根據로 함. 1973, 臺北)

大學之道, 在明明德, 在親民, 在止於至善. 知止而后有定, 定而后能靜, 靜而后能安, 安而后能慮, 慮而后能得.

物有本末, 事有終始. 知所先後, 則近道矣.

古之欲明明德於天下者, 先治其國. 欲治其國者, 先齊其家. 欲齊其家者, 先脩其身. 欲脩其身者, 先正其心. 欲正其心者, 先誠其意. 欲誠其意者, 先致其知.

致知在格物. 物格而后知至, 知至而后意誠, 意誠而后心正, 心正而后身脩, 身脩而后家齊, 家齊而后國治, 國治而后天下平.

自天子以至於庶人, 壹是皆以脩身爲本. 其本亂而末治者否矣. 其所厚者薄, 而其所薄者厚, 未之有也. 此謂知本, 此謂知之至也.

所謂誠其意者, 毋自欺也. 如惡惡臭, 如好好色, 此之謂自謙, 故君子必愼其獨也. 小人閒居爲不善, 無所不至, 見君子而后厭然揜其不善, 而著其善.

人之視己, 如見其肺肝然, 則何益矣! 此謂誠於中·形於外, 故君子必愼其獨也.

曾子曰:「十目所視, 十手所指, 其嚴乎!」富潤屋, 德潤身, 心廣體胖, 故君子必誠其意.

詩云:「瞻彼淇澳, 菉竹猗猗. 有斐君子, 如切如磋, 如琢如磨. 瑟兮僴兮, 赫兮喧兮. 有斐君子, 終不可諠兮.」如切如磋者, 道學也. 如琢如磨者, 自脩也. 瑟兮僴兮者, 恂慄也. 赫兮喧兮者, 威儀也. 有斐君子, 終不可諠兮者, 道盛德至善, 民之不能忘也.

詩云:「於戲! 前王不忘.」君子賢其賢而親其親, 小人樂其樂而利其利, 此以沒世不忘也.

康誥曰:「克明德.」大甲曰:「顧諟天之明命.」帝典曰:「克明峻德.」皆自明也. 湯之盤銘曰:「苟日新, 日日新, 又日新.」康誥曰:「作新民.」詩曰:「周雖舊邦, 其命惟新.」是故君子無所不用其極.

詩云:「邦畿千里, 惟民所止.」詩云:「緡蠻黃鳥, 止于丘隅.」子曰:「於止, 知其所止. 可以人而不如鳥乎!」詩云:「穆穆文王, 於緝熙敬止.」爲人君, 止於仁; 爲人臣, 止於敬; 爲人子, 止於孝; 爲人父, 止於慈; 與國人交, 止於信.

子曰:「聽訟, 吾猶人也. 必也使無訟乎!」無情者不得盡其辭, 大畏民志, 此謂知本. 所謂脩身, 在正其心者, 身有所忿懥, 則不得其正; 有所恐懼, 則不得其正; 有所好樂, 則不得其正; 有所憂患, 則不得其正.

心不在焉, 視而不見, 聽而不聞, 食而不知其味. 此謂脩身在正其心.

所謂齊其家, 在脩其身者, 人之其所親愛而辟焉, 之其所賤惡而辟焉, 之其所畏敬而辟焉, 之其所哀矜而辟焉, 之其所敖惰而辟焉. 故好而知其惡, 惡而知其美者, 天下鮮矣. 故諺有之曰:「人莫知其子之惡, 莫知其苗之碩.」此謂身不脩, 不可以齊其家.

所謂治國, 必先齊其家者, 其家不可教而能教人者無之. 故君子不出家而成教於國. 孝者, 所以事君也; 弟者, 所以事長也; 慈者, 所以使衆也.

康誥曰:「如保赤子.」心誠求之, 雖不中, 不遠矣. 未有學養子而後嫁者也. 一家仁, 一國興仁; 一家讓, 一國興讓; 一人貪戾, 一國作亂, 其機如此. 此謂一言僨事, 一人定國. 堯舜率天下以仁, 而民從之; 桀紂率天下以暴, 而民從之. 其所令反其所好, 而民不從. 是故君子有諸己而后求諸人, 無諸己而后非諸人. 所藏乎身不恕, 而能喻諸人者, 未之有也. 故治國在齊其家. 詩云: 「桃之夭夭, 其葉蓁蓁. 之子于歸, 宜其家人.」宜其家人, 而后可以教國人. 詩云: 「宜兄宜弟.」宜兄宜弟, 而后可以教國人. 詩云: 「其儀不忒, 正是四國.」其爲父子兄弟足法, 而后民法之也. 此謂治國在齊其家.

所謂平天下在治其國者, 上老老而民興孝, 上長長而民興弟, 上恤孤而民不倍, 是以君子有絜矩之道也. 所惡於上, 毋以使下; 所惡於下, 毋以事上; 所惡於前, 毋以先後; 所惡於後, 毋以從前; 所惡於右, 毋以交於左; 所惡於左, 毋以交於右, 此之謂絜矩之道. 詩云: 「樂只君子, 民之父母.」民之所好好之, 民之所惡惡之, 此之謂民之父母. 詩云: 「節彼南山, 維石巖巖. 赫赫師尹, 民具爾瞻.」有國者 不可以不慎, 則爲天下僇矣. 詩云: 「殷之未喪師, 克配上帝. 儀監于殷, 峻命不易.」道得衆, 則得國. 失衆, 則失國. 是故君子先慎乎德. 有德此有人, 有人此有土, 有土此有財, 有財此有用. 德者本也, 財者末也. 外本內末, 爭民施奪. 是故財聚則民散, 財散則民聚. 是故言悖而出者, 亦悖而入; 貨悖而入者, 亦悖而出. 康誥曰: 「惟命不于常.」道善, 則得之. 不善, 則失之矣. 楚書曰: 「楚國無以爲寶, 惟善以爲寶.」舅犯曰: 「亡人無以爲寶, 仁親以爲寶.」秦誓曰: 「若有一个臣, 斷斷兮無他技, 其心休休焉, 其如有容焉. 人之有技, 若己有之. 人之彥聖, 其心好之, 不啻若自其口出, 寔能容之, 以能保我子孫, 黎民尚亦有利哉! 人之有技, 媢嫉以惡之. 人之彥聖, 而違之俾不通, 寔不能容, 以不能保我子孫, 黎民亦曰殆哉! 唯仁人, 放流之, 迸諸四夷, 不與同中國. 此謂唯仁人爲能愛人, 能惡人. 見賢而不能舉, 舉而不能先, 命也. 見不善而不能退, 退而不能遠, 過也. 好人之所惡, 惡人之所好, 是謂拂人之性, 菑必逮夫身. 是故君子有大道, 必忠信以得之, 驕泰以失之. 生財有大道, 生之者衆, 食之者寡,爲之者疾, 用之者舒, 則財恆足矣. 仁者以財發身, 不仁者以身發財. 未有上好仁, 而下不好義者也. 未有好義, 其事不終者也. 未有府庫財非其財者也. 孟獻子曰:「畜馬乘, 不察於雞豚; 伐冰之家, 不畜牛羊; 百乘之家, 不畜聚斂之臣. 與其有聚斂之臣, 寧有盜臣.」此謂國不以利爲利, 以義爲利也. 長國家而務財用者, 必自小人矣. 彼爲善之, 小人之使爲國家, 菑害並至. 雖有善者, 亦無如之何矣. 此謂國不以利爲利, 以義爲利也.

3. 《현토대학懸吐大學》

經一章

大學之道

　　大學之道는 在明明德하며 在新民하며 在止於至善이니라 知止而后에
有定이니 定而后에 能靜하며 靜而后에 能安하며 安而后에 能慮하며
慮而后에 能得이니라 物有本末하고 事有終始하니 知所先後면 則近道矣
니라 古之欲明明德於天下者는 先治其國하고 欲治其國者는 先齊其家하고
欲齊其家者는 先脩其身하고 欲脩其身者는 先正其心하고 欲正其心者는
先誠其意하고 欲誠其意者는 先致其知하니 致知는 在格物하니라 物格而
后에 知至하고 知至而后에 意誠하고 意誠而后에 心正하고 心正而后에
身脩하고 身脩而后에 家齊하고 家齊而后에 國治하고 國治而后에 天下平

이니라 自天子로 以至於庶人 壹是皆以脩身爲本이니라 其本亂而末治者
否矣며 其所厚者에 薄이요 而其所薄者에 厚한이 未之有也라

〈1〉傳一章

釋明明德

康誥에 曰 克明德이라하며 太甲에 曰 顧諟天之明命이라하며 帝典에
曰 克明峻德이라하니 皆自明也니라

〈2〉傳二章

釋新民

湯之盤銘에 曰 苟日新이어든 日日新하고 又日新이라하며 康誥에 曰
作新民이라하며 詩에 曰 周雖舊邦이나 其命維新이라하니 是故로 君子는
無所不用其極이니라

〈3〉傳三章

釋止於至善

詩에 云 邦畿千里여 惟民所止라하니 詩에 云 緡蠻黃鳥여 止于丘隅라
하여늘 子曰 於止에 知其所止로소니 可以人而不如鳥乎아 詩에 云 穆穆文王
이여 於緝熙敬止라하니 爲人君엔 止於仁하고 爲人臣엔 止於敬하고 爲人
子엔 止於孝하고 爲人父엔 止於慈하고 與國人交엔 止於信이로다 詩에

云 瞻彼淇澳한대 菉竹猗猗로다 有斐君子여 如切如磋하며 如琢如磨라
瑟兮僩兮며 赫兮喧兮니 有斐君子여 終不可諠兮라하니 如切如磋者는
道學也오 如琢如磨者는 自脩也오 瑟兮僩兮者는 恂慄也오 赫兮喧兮者는
威儀也오 有斐君子여 終不可諠兮者는 道盛德至善을 民之不能忘也니라
詩에 云 於戱라 前王不忘이라하니 君子는 賢其賢而親其親하고 小人은
樂其樂而利其利하나니 此以沒世不忘也니라

〈4〉 傳四章

釋本末

子 曰 聽訟이 吾猶人也나 必也使無訟乎인저하시니 無情者 不得盡其辭는
大畏民志니 此謂知本이니라

〈5〉 傳五章

釋格物致知

此謂知本이니라 此謂知之至也니라 間嘗竊取程子之意하여 以補之曰
所謂致知 在格物者는 言欲致吾之知인댄 在卽物而窮其理也라 蓋人心之
靈이 莫不有知오 而天下之物이 莫不有理언마는 惟於理에 有未窮故로
其知 有不盡也니 是以로 大學始敎에 必使學者로 卽凡天下之物하여 莫不
因其己知之理而益窮之하여 以求至乎其極하나니 至於用力之久而一旦
에 豁然貫通焉이면 則衆物之表裏精粗 無不到而吾心之全體大用이 無不
明矣리니 此謂物格이며 此謂知之至也니라

〈6〉 傳六章
釋誠意

所謂誠其意者는 毋自欺也니 如惡惡臭하며 如好好色이 此之謂自謙이니
故로 君子는 必愼其獨也니라 小人이 閒居에 爲不善하되 無所不至하다가
見君子而后에 厭然揜其不善하고 而著其善하나니 人之視己 如見其肺肝
然하니 則何益矣리오 此 謂誠於中이면 形於外니 故로 君子는 必愼其獨也
니라 曾子 曰 十目所視며 十手所指며 其嚴乎인저 富潤屋이오 德潤身이니
心廣體胖이라 故로 君子는 必誠其意니라

〈7〉 傳七章
釋正心修身

所謂脩身이 在正其心者는 身有所忿懥하면 則不得其正하고 有所恐懼
하면 則不得其正하고 有所好樂하면 則不得其正하고 有所憂患하면 則不
得其正이니라 心不在焉이면 視而不見하며 聽而不聞하고 食而不知其味
니라 此謂脩身이 在正其心이니라

〈8〉 傳八章
釋脩身齊家

所謂齊其家 在脩其身者는 人이 之其所親愛而辟焉하며 之其所賤惡而
辟焉하며 之其所畏敬而辟焉하며 之其所哀矜而辟焉하며 之其所敖惰而
辟焉하나니 故로 好而知其惡하며 惡而知其美者 天下에 鮮矣니라 故로

諺에 有之하니 曰 人이 莫知其子之惡하며 莫知其苗之碩이라하니라 此謂身不脩면 不可以齊其家니라

〈9〉傳九章

釋齊家治國

所謂治國이 必先齊其家者는 其家를 不可敎오 而能敎人者 無之하니 故로 君子는 不出家而成敎於國하나니 孝者는 所以事君也오 弟者는 所以事長也오 慈者는 所以使衆也니라 康誥에 曰 如保赤子라하니 心誠求之면 雖不中이나 不遠矣니 未有學養子而后에 嫁者也니라 一家 仁이면 一國이 興仁하고 一家 讓이면 一國이 興讓하고 一人이 貪戾하면 一國이 作亂하나니 其幾 如此하니 此謂一言이 僨事며 一人이 定國이니라 堯舜이 帥天下以仁하신대 而民이 從之하고 桀紂 帥天下以暴한대 而民이 從之하니 其所令이 反其所好면 而民이 不從하나니 是故로 君子는 有諸己而后에 求諸人하여 無諸己而后에 非諸人하나니 所藏乎身은 不恕오 而能喩諸人者 未之有也니라 故로 治國은 在齊其家니라 詩에 云 桃之夭夭여 其葉蓁蓁이로다 之子于歸여 宜其家人이라하니 宜其家人而后에 可以敎國人이니라 詩에 云 宜兄宜弟라하니 宜兄宜弟而后에 可以敎國人이니라 詩에 云 其儀不忒이라 正是四國이라하니 其爲父子兄弟足法而后에 民이 法之也니라 此謂治國이 在齊其家니라

〈10〉傳十章

釋治國平天下

所謂平天下 在治其國者는 上이 老老而民이 興孝하며 上이 長長而民이

興弟하며 上이 恤孤而民이 不倍하나니 是以로 君子 有絜矩之道也니라
所惡於上으로 毋以使下로 所惡於下로 毋以事上하며 所惡於前으로 毋以
先後하며 所惡於後로 毋以從前하며 所惡於右로 毋以交於左하며 所惡於
左로 毋以交於右 此之謂絜矩之道也니라 詩에 云 樂只君子여 民之父母라
하니 民之所好를 好之하며 民之所惡를 惡之 此之謂民之父母니라 詩에
云 節彼南山이여 維石巖巖이로다 赫赫師尹이여 民具爾瞻이라하니 有國
者 不可以不愼이니 則爲天下僇矣니라 詩에 云 殷之未喪師엔 克配上帝러니
儀監于殷이어다 峻命不易라하니 道得衆則得國하고 失衆則失國이니라
是故로 君子는 先愼乎德이니 有德이면 此有人이오 有人이면 此有土오
有土면 此有財오 有財면 此有用이니라 德者는 本也오 財者는 末也니라
外本內末이면 爭民施奪이니라 是故로 財聚則民散하고 財散則民聚니라
是故로 言悖而出者는 亦悖而入하고 貨悖而入者는 亦悖而出이니라 康誥
에 曰 惟命은 不于常이라하니 道善則得之하고 不善則失之矣이라 楚書에
曰 楚國은 無以爲寶오 惟善을 以爲寶라하니라 舅犯이 曰 亡人은 無以爲寶
오 仁親을 以爲寶라하니라 秦誓에 曰 若有一介臣이 斷斷兮오 無他技나
其心이 休休焉한지 其如有容焉이라 人之有技를 若己有之하며 人之彦聖
을 其心好之 不啻若自其口出이면 寔能容之라 以能保我子孫黎民이니 尙
亦有利哉인저 人之有技를 媢疾以惡之하며 人之彦聖을 而違之하여 俾不
通이면 實不能容이라 以不能保我子孫黎民이니 亦曰 殆哉인저 唯仁人이
라야 放流之하고 迸諸四夷하여 不與同中國하나니 此謂唯仁人이라야
爲能愛人하며 能惡人이니라 見賢而不能擧하며 擧而不能先이 命也오
見不善而不能退하며 退而不能遠이 過也니라 好人之所惡하며 惡人之所
好 是謂拂人之性이라 菑必逮夫身이니라 是故로 君子 有大道하니 必忠信
以得之하고 驕泰以失之니라 生財 有大道하니 生之者 衆하고 食之者
寡하며 爲之者 疾하고 用之者 舒하면 則財恒足矣리라 仁者는 以財發身하고
不仁者는 以身發財니라 未有上好仁하여 而下不好義者也니 未有好義오
其事不終者也며 未有府庫財非其財者也니라 孟獻子 曰 畜馬乘은 不察

於鷄豚하고 伐氷之家는 不畜牛羊하고 百乘之家는 不畜聚斂之臣하나니
與其有聚斂之臣으론 寧有盜臣이라하니 此謂國은 不以利爲利오 以義爲
利也니라 長國家而務財用者는 必自小人矣니 彼爲善之小人之使爲國家
면 菑害 並至라 雖有善者나 亦無如之何矣니 此謂國은 不以利爲利오
以義爲利也니라

대학

부록 Ⅱ

《대학》 원문

大學

부록 Ⅱ

《대학大學》 원문

《大學》章句

經文 一章 : 大學之道

大學之道, 在明明德, 在親民, 在止於至善.

知止而后有定, 定而后能靜, 靜而后能安, 安而后能慮, 慮而后能得.

物有本末, 事有終始, 知所先後, 則近道矣.

古之欲明明德於天下者, 先治其國; 欲治其國者, 先齊其家; 欲齊其家者, 先脩其身; 欲脩其身者, 先正其心; 欲正其心者, 先誠其意; 欲誠其意者, 先致其知; 致知在格物.

物格而后知至, 知至而后意誠, 意誠而后心正, 心正而后身脩, 身脩而后家齊, 家齊而后國治, 國治而后天下平.

自天子以至於庶人, 壹是皆以脩身爲本.

其本亂而末治者否矣, 其所厚者薄, 而其所薄者厚, 未之有也!

1. 傳文 第一章 : 釋「明明德」

康誥曰:「克明德.」
大甲曰:「顧諟天之明命.」
帝典曰:「克明峻德.」
皆自明也.

2. 傳文 第二章 : 釋「新民」

湯之盤銘曰:「苟日新, 日日新, 又日新.」
康誥曰:「作新民.」
詩曰:「周雖舊邦, 其命惟新.」
是故君子無所不用其極.

3. 傳文 第三章 : 釋「止於至善」

詩云:「邦畿千里, 惟民所止.」
詩云:「緡蠻黃鳥, 止于丘隅.」子曰:「於止, 知其所止, 可以人而不如鳥乎?」
詩云:「穆穆文王, 於緝熙敬止!」爲人君, 止於仁; 爲人臣, 止於敬; 爲人子, 止於孝; 爲人父, 止於慈; 與國人交, 止於信.
詩云:「瞻彼淇澳, 菉竹猗猗. 有斐君子, 如切如磋, 如琢如磨. 瑟兮僩兮, 赫兮喧兮. 有斐君子, 終不可諠兮!」如切如磋者, 道學也; 如琢如磨者, 自脩也; 瑟兮僩兮者, 恂慄也; 赫兮喧兮者, 威儀也; 有斐君子, 終不可諠兮者, 道盛德至善, 民之不能忘也.

詩云:「於戲前王不忘!」君子賢其賢而親其親, 小人樂其樂而利其利, 此以沒世不忘也.

4. 傳文 第四章 : 釋「本末」

子曰:「聽訟, 吾猶人也, 必也使無訟乎!」無情者不得盡其辭. 大畏民志, 此謂知本.

5. 傳文 第五章 : 釋「格物·致知」

此謂知本,
此謂知之至也.

❀ 閒嘗竊取程子之意以補之曰:「所謂致知在格物者, 言欲致吾之知, 在卽物而窮其理也. 蓋人心之靈莫不有知, 而天下之物莫不有理, 惟於理有未窮, 故其知有不盡也. 是以大學始教, 必使學者, 卽凡天下之物, 莫不因其已知之理而益窮之, 以求至乎其極. 至於用力之久, 而一旦豁然貫通焉, 則眾物之表裏精粗無不到, 而吾心之全體大用無不明矣. 此謂物格, 此謂知之至也.」

6. 傳文 第六章 : 釋「誠意」

所謂誠其意者: 毋自欺也, 如惡惡臭, 如好好色, 此之謂自謙. 故君子必愼其獨也!
小人閒居爲不善, 無所不至, 見君子而后厭然, 揜其不善, 而著其善. 人之視己, 如見其肺肝然, 則何益矣? 此謂誠於中, 形於外. 故君子必愼其獨也.
曾子曰:「十目所視, 十手所指, 其嚴乎!」
富潤屋, 德潤身, 心廣體胖. 故君子必誠其意.

7. 傳文 第七章 : 釋「正心‧脩身」

所謂脩身在正其心者, 身有所忿懥, 則不得其正; 有所恐懼, 則不得其正; 有所好樂, 則不得其正; 有所憂患, 則不得其正.

心不在焉, 視而不見, 聽而不聞, 食而不知其味.

此謂脩身在正其心.

8. 傳文 第八章 : 釋「脩身‧齊家」

所謂齊其家在脩其身者: 人之其所親愛而辟焉, 之其所賤惡而辟焉, 之其所畏敬而辟焉, 之其所哀矜而辟焉, 之其所敖惰而辟焉. 故好而知其惡, 惡而知其美者, 天下鮮矣!

故諺有之曰:「人莫知其子之惡, 莫知其苗之碩.」

此謂身不脩不可以齊其家.

9. 傳文 第九章 : 釋「齊家‧治國」

所謂治國必先齊其家者, 其家不可教而能教人者, 無之. 故君子不出家而成教於國: 孝者, 所以事君也; 弟者, 所以事長也; 慈者, 所以使眾也.

康誥曰:「如保赤子」, 心誠求之, 雖不中不遠矣. 未有學養子而后嫁者也!

一家仁, 一國興仁; 一家讓, 一國興讓; 一人貪戾, 一國作亂; 其機如此. 此謂一言僨事, 一人定國.

堯舜帥天下以仁, 而民從之; 桀紂帥天下以暴, 而民從之; 其所令反其所好, 而民不從. 是故君子有諸己而后求諸人, 無諸己而后非諸人. 所藏乎身不恕, 而能喻諸人者, 未之有也.

故治國在齊其家.

詩云:「桃之夭夭, 其葉蓁蓁: 之子于歸, 宜其家人.」宜其家人, 而后可以教國人.

詩云:「宜兄宜弟.」宜兄宜弟, 而后可以教國人.

詩云:「其儀不忒, 正是四國.」其爲父子兄弟足法, 而后民法之也.
此謂治國在齊其家.

10. 傳文 第十章 : 釋「治國・平天下」

所謂平天下在治其國者: 上老老而民興孝, 上長長而民興弟, 上恤孤而
民不倍, 是以君子有絜矩之道也.

所惡於上, 毋以使下; 所惡於下, 毋以事上; 所惡於前, 毋以先後; 所惡
於後, 毋以從前; 所惡於右, 毋以交於左; 所惡於左, 毋以交於右: 此之謂絜
矩之道.

詩云:「樂只君子, 民之父母.」民之所好好之, 民之所惡惡之, 此之謂民
之父母.

詩云:「節彼南山, 維石巖巖, 赫赫師尹, 民具爾瞻.」有國者不可以不愼,
辟則爲天下僇矣.

詩云:「殷之未喪師, 克配上帝; 儀監于殷, 峻命不易.」道得衆則得國,
失衆則失國.

是故君子先愼乎德. 有德此有人, 有人此有土, 有土此有財, 有財此有用.

德者本也, 財者末也.

外本內末, 爭民施奪.

是故財聚則民散, 財散則民聚.

是故言悖而出者, 亦悖而入; 貨悖而入者, 亦悖而出.

康誥曰:「惟命不于常!」道善則得之, 不善則失之矣.

楚書曰:「楚國無以爲寶, 惟善以爲寶.」

舅犯曰:「亡人無以爲寶, 仁親以爲寶.」

秦誓曰:「若有一个臣, 斷斷兮無他技, 其心休休焉, 其如有容焉. 人之
有技, 若己有之, 人之彦聖, 其心好之, 不啻若自其口出, 寔能容之, 以能保
我子孫黎民, 尚亦有利哉! 人之有技, 媢疾以惡之, 人之彦聖, 而違之俾不通,

寔不能容, 以不能保我子孫黎民, 亦曰殆哉!」

唯仁人放流之, 迸諸四夷, 不與同中國. 此謂唯仁人爲能愛人, 能惡人.

見賢而不能舉, 舉而不能先, 命也; 見不善而不能退, 退而不能遠, 過也.

好人之所惡, 惡人之所好, 是謂拂人之性, 菑必逮夫身.

是故君子有大道, 必忠信以得之, 驕泰以失之.

生財有大道, 生之者衆, 食之者寡, 爲之者疾, 用之者舒, 則財恆足矣.

仁者以財發身, 不仁者以身發財.

未有上好仁而下不好義者也. 未有好義其事不終者也, 未有府庫財非其財者也.

孟獻子曰:「畜馬乘不察於雞豚, 伐冰之家不畜牛羊, 百乘之家不畜聚斂之臣, 與其有聚斂之臣, 寧有盜臣.」此謂國不以利爲利, 以義爲利也.

長國家而務財用者, 必自小人矣. 彼爲善之, 小人之使爲國家, 菑害並至. 雖有善者, 亦無如之何矣! 此謂國不以利爲利, 以義爲利也.

부록 Ⅲ

사서총해제四書總解題

朱熹(1130~1200) 초상

朱熹 明 萬曆版 《朱氏家譜》 근거가 가장 신빙성이 있는 초상으로 알려져 있다.

朱晦菴名熹字元晦除煥章待制贈太師徽國公卒謚文
其目贊曰從容乎禮法之場沉潛乎仁義之府是子盍將
有意焉而力莫能與也佩先師之格言奉前烈之餘矩惟
闇然而日修或庶幾乎斯語

像　菴晦　朱

朱熹(晦菴，元晦)《三才圖會》

四書賸言

蕭山毛檢討奇齡著

論語古二十一篇出孔氏壁中有兩子張一篇則未有一章可作一篇又有問王知道一篇合二十二篇似是從政章也若齊論語又有問王知道四字相似不合亦必問篇未必是從政別為一篇也則王知道一篇合二十二篇在內但問王知道一篇者是必別有問王一篇知道一篇其曰一篇者亦誤也當時安昌侯張禹能通古所習齊二家論語以授成帝則在漢末尚未亡至西晉何晏為魯論集解固然後古齊二論漸不可考耳

大氐不分經傳雖夫子出言成經然在漢以前多以傳稱如易繫詞稱大傳家詞彖象傳象武謂東方朔曰傳曰時然後言人不厭其言則論語稱傳即幸經已稱經而成帝明堂方進冊書云傳曰高而不虎所以長守貴也亦稱為傳可見

漢藝文志有中庸說一篇則中庸在漢世早已單行若隋經籍志載梁武帝著中庸講義一卷猶後此者也

論語子謂中月章以犁牛之子辭其角為字按仲弓冉雍之字家語謂是伯牛之族人而其父行賤故云犁乃奇人縣惡兩王充論衡謂毋犁犢牲無害犧牲祖禰爾齊清不妨奇人故亦聖與顏斯卿伯牛竄疾仲弓謀全額路庸閒同傑超倫孔愛福愿曼夔聖賢竟以犁牛指伯牛

先仲氏曰伯牛名耕耕與犁通如司馬牛本名耕而孔安國謂者但

名犁字子牛以耕即犁牛也則以伯牛本名犁其曰犁牛之子者曰言犁牛以時剝其名之與氏所云雜語以世之閒者或蘇耳似亦真可信者通人多怪語以世之閒者或蘇耳冶城客論無錫陳公懋云怪語斯知仁矣即周易繫詞何以守位同并有仁焉之仁同皆是以字音致誤即周易繫詞何以守位曰仁見以道僞古本作人亦此類亦云孔子稱能以禮讓為國於從政乎何有則漢時論語本必班昭上疏云論語曰能以禮讓為國於從政乎何有貢云亦云孔子稱三字者且于本文較明白或云是古論齊論非魯

論語貧而樂富而好禮坊引子云貧而好樂富而好禮多好字嘗在史記記弟子傳與後漢東平王論皆作貧而樂道

日篇曰孔子病夫未之得也思弟子之多弗字王符潛夫論于愛好字嘗在史記記弟子傳與後漢東平王論皆作貧而樂道禮對句不敵坊引坊記正字正不語獨今上云不然史記弟子傳亦曰貧道富而好禮而好禮比偶悉亦不對也舉臣皆伏地咋舌不能起註疏引孔安國註亦曰貧道富而好禮論語人不知而不慍孔疏原有一義一是不知學我今人但知後說似子本章言學之意反未親切何平叔云凡人有所不知者猶言君子凡人有所不知者皆反未親切何平叔云凡人不怒者猶言君子君子易舉不求備也蓋衛學共學教人以學皆學先

四書考異　大學

仁和翟敉校藁著

學海堂

大學之道○陸德明禮記釋文曰大舊音泰劉音直帶反
佑通典第十三卷引大學篇古之欲明明德以下八句自注
云大學爲上庠大讀爲泰　阮峻禮記滌音之此大學記云大學之
法大學有劉昌宗禮亞指學宮言之此大字宜從舊音
按七錄有劉昌宗禮記音五卷所云劉氏益昌宗也讀書十
泰大字徒益切與直帶音同三十八箇大字唐佐切與駭
育同未嘗有音直駡切者道字上去二讀凡訓埋訓路上聲
訓言訓由訓治去聲雷同附和覺其非者四書內若此之

爲直駕讀道去聲雷同附和覺其非者四書內若此之

皇清經解　卷四百四十九　翟敉校勘四書考異

類不勝枚舉卽如下文吾字毛晃謂善惡之著上聲彼善而
善之去聲又如靜字宋以前韻書亞祇黃郊一切黃公紹韻
合始重收部益弇其正音也今讀在止於至善足而后能
靜亦多以善與靜爲此皆方俗老失非有關于音讀
異同乃方開卷之首巳音而再誤可噍就甚附案之統例

其餘

在親民○程叔子改定大學本曰親當作新　王庶齡國學紀
聞曰大學之親民蕾本日伊川讀親爲新金滕之近迎傳寫之誤
褚遷禮記集說雪川倪氏曰親以下文作新民爲
證然先儒皆不敢改也益於民言親近自有義也聖人爲
民可近親近之義也孟子曰親親而仁民民親愛之義也聖人爲

父母之類是親字意親民猶孟子親親仁民之謂親之卽仁
之也百姓不親舜使契爲司徒敬敷五教所以親之也堯典克
明俊德便是明明德使契爲司徒敬敷五教便是親民便是明
明德於天下親民兼教養意說新民便貧偏了　崔銑士翼曰
古人之作字卽與新字相對然非新字義利其利如保赤子之民之
仁之而弗親何爲混其施也

按舜典百姓不親五品不遜汝作司徒敬敷五教在寬五教
之親所以親民乃有庶民剏立大學之始也合孟子人倫
明於上小民親於下言之此親字實似不必更改但其所謂
親者益合民自相親睦非君上親愛之亦非民之親君上也
孟子云人人親其親長其長而天下平又云親親仁也敬長

《四書考異》清，翟灝〈皇清經解〉

四書釋地

大原閻徵君若璩著

學海堂

蓋

予少時習孟子疑蓋大夫王驩與兄戴蓋祿之蓋同音集註却
於前云齊下邑後云陳氏食采邑嘗是二邑宋王伯厚謂漢泰
山郡蓋縣故城在沂州沂水縣西北侯一處無二地頗不可解
後讀左氏春秋傳趙衰爲原大夫於時先軫亦稱原軫才是同
爲原同於時先敦亦稱原敦唐孔氏曰蓋分原邑而共食之僖
二十五年狐溱爲溫之守公而賜狐氏陽處父至自溫故成十一年
劏子畢子曰襄王公而賜之下邑王驩治之以半爲卿
一邑者因悟蓋一也以半爲王朝之下邑王驩治之以半爲卿
族之私邑陳氏世有之然則當時蓋亦大夫

贏

皇清經解《卷二十》
閻徵君四書釋地

一　庚申補刊

境上爲壇位成禮於贏畢將遂反也解者不悉謂孟子軻人行
三年喪禮而身遂之又罪萬章之徒修文不弟可謂愚昊矣親左
祖臧倉者矣余不考或問或解者二段俱出郎瑛七條可爲情矣少
錯解止於贏句竊謂郝氏從而辨釋之可爲情矣少
疑人所未疑而特不能辨釋郝氏從而辨釋之可爲情矣少
贏今泰山贏縣笑居故城在萊蕪縣西北四十里北汶水之
北去都臨溜約三百餘里安有拜君賜於三百餘里之外者
平且衰絰不入公門也爲壇位而哭乃出亡禮
非喪者所用蓋孟子母殁而特賜舍於贏及秦夜來歸貧衰戚勿遽無禮
可語惟至往來拜賜舍止於逆旅始得以一論匠事耳以論匠事
於此贏日故解止於贏齊與公孫丑論不受齊於居丑故
縈以居休登必別有義在乎禮斬衰之喪而不對齊衰對而不言

皇清經解《卷二十》
閻徵君四書釋地

二　庚申補刊

余嘗家京山郝氏解孟子爲行三年之喪但以謂記邑名遂不
合禮制以地理益宜先既成拼一篇趙三年覺其不安復成
一篇幸問之日新也並存之令錄於此日或問孟子緒葬於
魯時未能也无虞治木言前日月飄反於齊益不終喪而遂復
爲齊卿乎按喪禮三日成服杖拜君命及賵賻之賜
禮凡尊者有賜明日往拜卒于不忍遠死其親故暨
襛而拜謹於齊後拜君賜也其止於言詣何也禮後絰不入公門
大夫去國踰竟爲壇位仕鄉國而哭此喪禮也故自魯徂國至齊

夫一唯一對致謹不失如此直謂孟子奪喪葬仕若當時莫
孟子居母喪止齊哀故徬徨無虞以言而但不先被言於人耳
之行者一輩所爲葳亦太誣矣郝氏之巫正也固宜又日或問
子以孟子奉母仕於齊其說亦有徵乎余日敵之劉向列女傳
傳云孟子處齊有憂色而歎母知其則既死而非童終喪
於齊自齊葬於魯歸則知母殁然則既死而非童蓋同
在齊而母爲而遠反於齊余日此蓋終日之云復三年喪而爲卿耳
於遠也果爾何以爲前日解余日孟子之書有以昔與今對言
非遠也果爾何以爲前日解余日者昔者孟子之書有以昔與今對言
昔似在所遠而亦有指最遠者卽前日顧見而不可得是
對言前日似在所近而亦有指最遠者卽前日顧見而不可得是

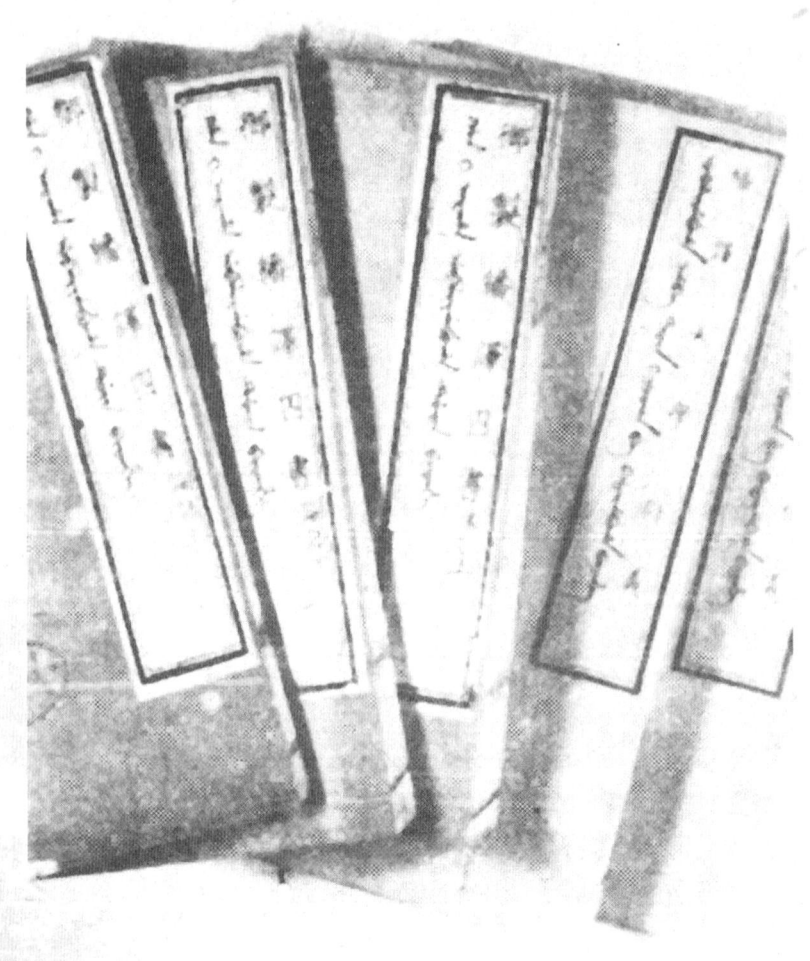

漢滿文대조 〈四書〉 淸나라 정부에서 공식적으로 간인한 것.

緋大
金魚袋張栻 撰并書 篆額
善曰珙不孝克公之墓木大拱而
先生所次行狀又得今江陵張栻
學士贈大師忠顯公遂以忠孝大
太夫授直祕閣建炎三年擢祕閣
城縣開國男食邑三百戶四年書
漢州安置十二年復故官邑為松
全其城復從守真完會金人入范

朱熹의 〈劉子羽神道碑〉

江西 廬山 五老峰 아래의 〈白鹿洞書院〉

주희가 講學했던 嶽麓書院 宋代 四大書院의 하나.

學而第一

此為書之首篇故所記多務本之意

乃入道之門積德之基學者之先務也凡十六章

子曰學而時習之不亦說乎

學之為言效也人性皆善而覺有先後覺
者必效先覺之所為乃可以明善而復其初
也

《論語集註大全》 朝鮮　世宗　甲寅字.

孟子卷之一　　　　　　　　　　　　　　　朱熹集註

梁惠王章句上〔凡七章〕

孟子見梁惠王〔梁惠王魏侯罃也都大梁僭稱王謚曰惠史記惠王三十五年卑禮厚幣以招賢者而孟子至梁〕。王曰〔叟長老之稱王所謂〕叟不遠千里而來，亦將有以利吾國乎〔利蓋富國強兵之類〕？孟子對曰：王何必曰利〔仁者心之德愛之理義者心之制事之宜此二句乃一章之大指下文乃詳言之後多放此〕？亦有仁義而已矣。

王曰：何以利吾國？大夫曰：何以利吾家？士庶人曰：何以利吾身？上下交征利，而國危矣〔此言求利之害以明上文何必曰利之意也〕。萬乘之國，弒其君者必千乘之家；千乘之國，弒其君者必百乘之家。萬取千焉，千取百焉，不為不多矣〔乘去聲饜於豔反○此言弑奪之禍所以必至於此也〕。苟為後義而先利，不奪不饜〔饜足也言臣之於君每欲有所取必至於弑奪其君而後快也〕。

未有仁而遺其親者也，未有義而後其君者也〔言仁者必愛其親義者必急其君故人君躬行仁義而無求利之心則其下化之自親戴於己也〕。王亦曰仁義而已矣，何必曰利〔重言之以結上文兩節之意○此章言仁義根於人心之固有天理之公也利心生於物我之相形人欲之私也循天理則不求利而自無不利徇人欲則求利未得而害已隨之所謂毫釐之差千里之繆此孟子之書所以造端託始之深意學者所宜精察而明辨也○太史公曰余讀孟子書至梁惠王問何以利吾國未嘗不廢書而歎也曰嗟乎利誠亂之始也夫子罕言利常防其源也故曰放於利而行多怨自天子以至於庶人好利之弊何以異哉程子曰君子未嘗不欲利但專以利為心則有害惟仁義則不求利而未嘗不利也當是之時天下之人惟利是求而不復知有仁義故孟子言仁義而不言利所以拔本塞源而救其弊此聖賢之心也〕。

孟子見梁惠王。王立於沼上〔沼池也〕，顧鴻鴈麋鹿，曰：賢者亦樂此乎〔鴻鴈之大者麋鹿之大者○此章言人君能與民同樂則人樂其樂而樂亦可長保矣〕？孟子對曰：賢者而後樂此，不賢者雖有此不樂也〔言此雖人君之所欲然必有賢德者而後能樂此不賢之人雖有此樂亦不得而享之也〕。

詩云：經始靈臺，經之營之，庶民攻之，不日成之。經始勿亟，庶民子來。王在靈囿，麀鹿攸伏，麀鹿濯濯，白鳥鶴鶴。王在靈沼，於牣魚躍〔此引詩而釋之以明賢者而後樂此之意詩大雅靈臺之篇經量度也靈臺文王臺名也營謀為也攻治也不日不終日也亟速也言文王戒以勿亟而民自不能已也庶民子來言眾民自來趨赴若子趣父事也靈囿靈沼臺下有囿囿中有沼也麀牝鹿也伏安其所不驚動也濯濯肥澤貌鶴鶴潔白貌於歎美辭牣滿也孟子言文王雖用民力而民反歡樂之既加以美名而又樂其所有蓋由文王能愛其民故民樂其樂而文王亦得以享其樂也〕。文王以民力為臺為沼，而民歡樂之，謂其臺曰靈臺，謂其沼曰靈沼，樂其有麋鹿魚鱉。古之人與民偕樂，故能樂也〔孟子釋詩意如此以民力為臺沼而民反歡樂之皆謂其臺曰靈臺謂其沼曰靈沼言民心之所樂也〕。

大學 朱熹章句

子程子曰大學孔氏之遺書而初學入德之門也於今可見古人為學次第者獨賴此篇之存而論孟次之學者必由是而學焉則庶乎其不差矣<small>程子曰親當作新○大學者大人之學也明明之明也...</small>

大學之道在明明德在親民在止於至善<small>...</small>

知止而后有定定而后能靜靜而后能安安而后能慮慮而后能得<small>...</small>

物有本末事有終<small>...</small>

古之欲明明德於天下者先治其國欲治其國者先齊其家欲齊其家<small>...</small>

者先修其身欲修其身者先正其心欲正其心者先誠其<small>...</small>

意欲誠其意者先致其知致知在格物<small>...</small>

物<small>...</small>

格而后知至知至而后意誠意誠而后心正心正而后身<small>...</small>

修身修而后家齊家齊而后國治國治而后天下平<small>...</small>

自<small>...</small>

天子以至於庶人壹是皆以修身為本<small>...</small>

其本亂而末治者否矣其所厚者薄而其所薄者厚未之<small>...</small>

有也<small>本末謂身也所厚謂家也此兩節結上文兩節之意</small>

右經一章蓋孔子之言而曾子述之<small>凡二百五字</small>其傳十章則<small>...</small>曾子之意而門人記之也舊本頗有錯簡今因程子所

《四書集註》(大學)

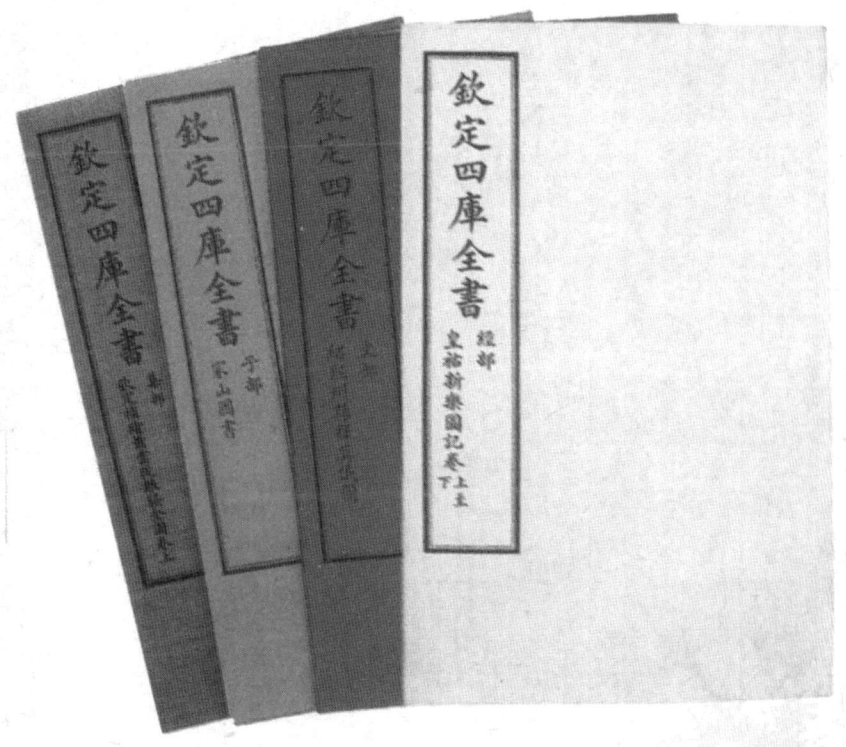

清, 乾隆皇帝 칙령으로 편찬한 〈欽定四庫全書〉

春秋經傳集解僖上第五

杜氏　盡十五年

經元年春王正月齊師宋師曹師次于聶北救邢　齊師諸侯之師救邢次于聶北者案兵觀釁以待事也次倒在莊三年聶北邢地夏六月

遷于夷儀　邢遷如歸故以白遷為辭夷儀邢地

齊師宋師曹師城邢　傳例曰救患分災禮也一事而再列三國於文不可言諸侯師故

秋七月戊辰夫人姜氏薨于夷齊人以歸　傳在閔二年不言齊人殺

人伐鄭　荊始改號曰楚

八月公會齊侯宋公鄭伯曹伯邾人于檉　檉宋地陳國陳縣西北有檉城公諱之書地者明在外兌楚及其會而不書盟還不以盟告九月公

敗邾師于偃　偃邾地

冬十月壬午公子友師師敗

공자가 정리한 《春秋》(杜預 주)

唐 開成石經《毛詩》

《사서집주四書集注》 총해제總解題

Ⅰ. 四書

1. 四書의 編定 過程

한유韓愈는 《원도原道》를 지어 도통설道統說을 주장하면서 《대학大學》
과 《맹자孟子》를 중시하였다. 그의 제자인 이고李翱는 다시 《복성서
復性書》를 지어 《중용中庸》을 중시하였다. 송대 유학자들은 의리를 궁구
하기 위하여 心과 性에 대해 깊은 관심을 보이고 있었다. 마침 《대학大學》
은 「心」을, 《중용中庸》과 《맹자孟子》는 「性」을 다룬 것이어서, 이 셋과
《논어論語》는 모두 그들이 체계적인 연구를 해 나가는 데 좋은 교재가
될 수 있었다.

이에 주희朱熹는 순희淳熙(1174~1189) 연간에 《소대례기小戴禮記》 중의
제42편 대학장大學章과 제 31편 중용장中庸章을 뽑아 《논어論語》, 《맹자
孟子》와 묶어 사서四書를 편정하였다. 아울러 그는 장구집주章句集註를 붙여
《사서집주四書集註》라 하여 공자孔子·증자曾子·자사子思·맹자孟子로 이어
지는 유학의 도통을 확립, 유학의 새로운 면모를 보여주게 된 것이다.

그 후 이 책은 사림士林의 중시를 받아 당시는 물론 원·명·청대에
이르도록 오경五經과 같은 교재로 취급되어 과거 과목으로 부상하였
으며, 지금까지 경학의 입문 필독서로서 그 가치를 인정받게 되었다.

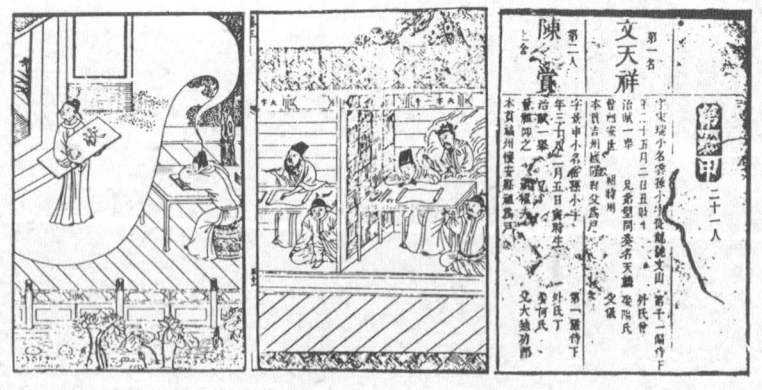

송대 科擧 관련 삽화와 급제자 명부

2. 《論語》

(1) 명칭名稱

「논어論語」라는 명칭은 아마도 공자 제자들의 찬집 때부터 있었던 듯하다. 그러나 양한兩漢 때까지만 해도 단칭으로 「논論」·「어語」·「전傳」·「기記」 등으로 불렸고 더욱 자세히는 「논어설論語說」로도 불렸다.

「논어」라는 명칭은 《예기禮記》의 방기편坊記篇 및 《공자가어孔子家語》에도 보인다. 그러나 《공자가어》는 왕숙王肅에 의해 위조된 것이므로 별개의 것이고, 방기편은 심약沈約의 설에 의하면 자하子夏의 작이라 보아지므로 일찍부터 이 명칭이 있었던 것으로 여겨진다.

단칭으로 부른 예와 「논어설論語說」 등으로 부른 예를 찾아보면 다음과 같다.

① 論 : 《隷釋載衡方碑》의 "仲尼旣沒, 諸子綴論" 등.
② 語 : 《鹽鐵論》의 "語曰百子居肆" 등.
③ 傳 : 揚雄 《法言》 至孝篇의 "吾聞諸傳, 老則戒之在得" 등.
④ 記 : 《後漢書》 趙咨傳의 "記曰喪與其易也, 寧戚" 등.
⑤ 論語說 : 《漢書》 郊祀志의 "論語說曰子不語怪神" 등.

그러나 「논어」라는 말이 확정적으로 쓰인 후에도 「易曰」·「詩曰」처럼 단칭으로 「論曰」·「語曰」하는 것이 현재까지 쓰이고 있다. 또한 이를 「논어」라 명명한 것은 반고班固의 《한서漢書》 예문지藝文志에,

"論語者, 孔子應答弟子時人, 及弟子相與之言, 而接聞於夫子之語也. 當時弟子, 各有所記. 夫子旣卒, 門人相與輯而論纂, 故謂之論語"
라 한 깃이 최초이다.

그리고 양梁의 황간皇侃은 《논어의소論語義疏》 서叙에,

"哀公十六年, 哲人其萎. ……於是弟子僉陳往訓, 各記舊聞, 撰爲此書. ……然此書之體, 適會多途, 皆夫子平生應機作敎, 事無常準. 或與時君

抗厲, 或共弟子抑揚, 或自顯示物, 或混迹齊凡, 問同答異. 言近意深, 詩書
互錯綜, 典誥相紛紜, 義既不定於一方. 名故難求乎諸類, 因題論語兩字,
以爲此書之名也"
라 하여 그 명칭의 유래由來를 밝혔다.

한편 《논어論語》의 자의字義에 대하여도 ① 論은 侖과 같은 뜻으로
編次를 의미하며 語는 答述의 뜻. ② 倫理를 말해 주는 것을 論, 사람들과
말을 나누는 것을 語. ③ 討論을 벌인 말[語]이란 뜻. ④ 論은 編者의
討論, 語는 聖人의 遺言이란 뜻 등으로 설명하기도 한다.

(2) 작자作者

《논어論語》의 작자는 일반적으로 공자의 제자들이라 보고 있다.
그러나 역대의 의견에 약간씩 차이가 있게 마련이다. 대체로 네 가지
정도로 볼 수 있다.

① 仲弓, 子游, 子夏가 찬집하였다는 설 : 鄭玄의 주장.
鄭玄의 《論語》 序에,
"論語乃仲弓・子游・子夏等所撰"(劉寶楠, 《論語正義》)
이라 하였으나 이는 믿을 만하지 못하다. 曾子는 孔子보다 46세 아래로
高弟子 중에 가장 어렸다. 그러나 《論語》에 曾子의 죽음까지 기록되어
있는 것으로 보아 當代弟子의 찬집이라 보기 어렵다.

② 有子와 曾子의 門人에 의해 찬집되었다는 설 : 程頤의 주장.
朱熹는 《論語集注》 序에서 程子의 말을 인용하여,
"論語之書, 成於有子・曾子之門人, 故此書獨二子以子稱"
이라 하였는데, 이 설은 본래 柳宗元에서부터 시작되었다. 유종원은
《論語辯》에서,
"或問曰:「儒者稱論語孔子弟子所記, 信乎?」曰:「未然也. 孔子弟子,

曾參最少, 少孔子四十六歲. 曾子老而死, 是書記曾子之死, 則去孔子也遠矣. 曾子之死, 孔子弟子略無存者矣. 吾意曾子弟子之爲之也. 何哉? 且是書載弟子必以字, 獨曾子・有子不然. 由是言之, 弟子之號之也.」「然則有子, 何以稱字?」曰:「孔子之歿也. 諸弟子以有子爲似夫子, 立而師之; 其後不能對諸子之問, 乃叱避而退, 則固嘗有師之號矣. 今所記獨曾子最後死, 余是以知之. 蓋樂正子春, 子思之徒, 與爲之爾.」或曰:「孔子弟子, 嘗雜記其言.」「然而卒成其書者, 曾氏之徒也.」」

라 하여 자세한 논거를 들어 주장하였다. 그러나 이 설도 姚鼐의 《古文辭類纂》 論語辨注에서,

"檀弓最推子游, 似子游之徒所爲, 而於子游稱字, 曾子・有子稱子, 似聖門相沿稱, 皆如是. 非於稱字稱子, 有重輕也"

라 하여, 「子」를 붙여 부르거나 그의 字를 부르거나 경중의 의미가 실려 있는 것은 아니라 하였다.

③ 閔子騫이 찬집하였다는 설 : 宋代 永亨의 주장.

宋의 영형은,

"論語所記, 孔子與人語及門弟問答, 皆斥其名. 未有稱字者, 顔冉高弟, 亦曰回曰雍. 至閔子騫獨云子騫. 終此書, 無指名, 意其出於閔氏"

라 하였으나, 이 설도 근거가 희박하다.

④ 공자의 제자들이 기록하였고, 제자의 門人들이 편찬하였다는 설 : 班固와 皇侃의 주장.

이 설은 班固의 《漢書》 藝文志에,

"論語者, ……當時弟子各有所記, 夫子旣卒. 門人相與輯而論纂, 故謂之論語"

라는 기록과, 梁 皇侃이 《論語通》에서,

"論語者, 是孔子歿後七十弟子之門人共所撰錄也"

라 한 것이 그 증거이다. 이 說은 지금까지 가장 보편적으로, 타당하다고 인정받고 있는 주장이다.

⑶ 종류種類

유향劉向의 《별록別錄》에 의하면,

"魯人所學, 謂之魯論; 齊人所學, 謂之齊論; 孔壁所得, 謂之古論"

이라 하여 한대에는 세 종류의 《논어》가 있었다.

① 魯論

금문으로 되어 있으며, 노나라 지역에서 읽히던 것이었다. 모두 20편으로, 오늘날 우리가 보는 《논어》의 원전에 해당한다.

② 齊論

금문에 속하며 모두 22편이다. 《노론魯論》에 비하여 〈문왕편問王篇〉, 〈지도편知道篇〉의 두 편이 많았으며, 나머지 20편도 《노론魯論》에 비해 장구章句가 훨씬 많았다고 한다. 왕응린王應麟은 《한서예문지고증漢書藝文志考證》에서, 〈문왕편問王篇〉은 마땅히 〈문옥편問玉篇〉이라 해야 한다고 하였는데, 이는 《설문說文》·《초학기初學記》 등에서 《논어論語》를 인용한 것 중에 바로 이 부분이 기록된 것으로 증거를 삼고 있다. 근인 진한장陳漢章도 《경학통론經學通論》에서 《예기禮記》 빙의편聘義篇과 《순자荀子》 법행편法行篇, 왕숙王肅이 위조한 《공자가어孔子家語》 등을 근거로 〈문옥편問玉篇〉임을 증명하고 있다.

③ 古論

고문으로 되어 있으며, 공자 구택의 벽에서 나온 것이다. 〈문왕問王(問玉)〉, 〈지도知道〉 두 편이 없는 대신 〈요왈편堯曰篇〉의 「자장문子張問」 이하를 1편으로 삼아 결국 21편으로 되어 있었다. 편차도 노魯·제齊 두 《논어論語》와 다르며, 문자가 다른 곳도 400여 자나 된다고 한다.

이상의 세 종류 판본은 한대에 각각 전한 이가 달라, 장우張禹는 《노론魯論》을 근거로 하되 《제론齊論》도 이용하여 〈문옥問玉〉, 〈지도知道〉 두 편을 없애고 《논어장구論語章句》를 지었다. 이를 흔히 「장후론張侯論(語)」이라 한다. 이것이 《논어論語》의 제1차 개정본인 셈이다.

동한 때 정현鄭玄은 《장후논어張侯論語》를 근거로 《제론齊論》과 《고론古論》을 참고하여 주注를 달았다. 하안何晏은 이를 근거로 《논어집해論語集解》를 지었다. 그리고 하안의 집해본集解本은 그 뒤 송宋 형병邢昺의 소疏와 합해져서 지금 통행되는 《십삼경주소본十三經注疏本》이 된다. 그러나 하안의 집해본集解本과 정현鄭玄의 주注 사이에는 서로 차이가 있으며, 이는 육덕명陸德明의 《경전석문經典釋文》에 자세히 나와 있다. 물론 정현鄭玄의 주본注本은 일찍이 실전되어 청淸 마국한馬國翰이 집일본을 만든 적이 있고, 근래 돈황석실敦煌石室에서 잔권殘卷이, 그리고 한묘漢墓에서도 역시 정주본의 잔권이 발견되어 그 편린을 엿볼 수 있다. 그러나 송대에 주희朱熹에 의해 집주본集注本이 나오자, 정주학程朱學의 발흥과 조선의 건국·정치이념의 결합으로, 우리나라에서는 주자집주朱子集註를 많이 읽어 왔다.

(4) 《논어論語》의 부분적 진위眞僞 문제

한대에는 세 종류의 동일한 《논어論語》가 있었다. 그 장구章句의 다소 등에 대해 많은 학자들이 현존 《논어論語》의 부분 부분을 놓고 진위문제로 의심을 품어 왔다. 간략히 나누어 보면 다음과 같다.

① 附記가 正文으로 잘못 끼여들었을 가능성

이는 최술崔述이 《고신록考信錄》에서 제기한 문제이다. 고대에는 죽간에 글을 썼다. 그런데 매 편장이 끝날 때는 공백이 있게 마련이어서 이곳에 비망록 같은 글귀를 적어 놓는 경우가 있었다. 이를 계속 전사轉寫하는 과정에서 정식 본문인 줄 알고 혼입되었을 가능성이 있다는 것이다.

예를 들면 〈옹야편雍也篇〉의 「子見南子章」, 〈향당편鄕黨篇〉의 「色斯擧矣章」, 〈계씨편季氏篇〉의 「齊景公章」과 「邦君之妻章」, 〈미자편微子篇〉의 「周公謂魯公章」 및 「周有八士章」 등은 모두가 공문孔門과 무관한 일로 정문正文이 아니었을 가능성이 있다.

② 어구가 산락되었을 가능성

이는 진례陳澧의 《동숙독서기東塾讀書記》 권2에서 제기한 것으로, 고대에는 죽간에 글씨를 썼으므로, 가능한 한 말을 줄여 썼기 때문에 전사轉寫하는 가운데 실제의 말에서 요점만 적었을 가능성이 있다는 것이다. 예를 들면,

"鄕原, 德之賊也"

가 《맹자孟子》 진심盡心(下)에는

"過我門而不入我室, 我不憾焉者, 其惟鄕原乎! 鄕原, 德之賊也"

라 하여 그 윗말이 자세히 나와 있다. 게다가 "君子不器", "有敎無類" 등은 네 자로 일장을 이루고 있어 너무 간단하다고 의심을 나타냈다.

③ 말미 다섯 편에 대한 의심

이도 역시 청대 최술崔述의 제기로, 뒤쪽의 계씨季氏·양화陽貨·미자微子·자장子張·요왈堯曰 다섯 편은 의심스러운 점이 있다는 것이다. 이를테면 《논어論語》에는 공자의 말을 일컬어 「子曰」이라 하였으나 곳에 따라 「孔子曰」, 「仲尼」 등 혼용된 곳의 구분이 확실치 않고, 또 제자가 공자를 대하여 칭할 때도 子로 하였으나 「夫子」라 부른 곳도 있는데, 이는 전국시대의 호칭이라는 점, 그리고 계씨편季氏篇의 "季氏將伐顓臾, 冉有·季路見於孔子"에서 염유冉有와 계로季路는 동시에 계씨 집에 벼슬한 적이 없다는 점, 〈양화편陽貨篇〉에 공산불요公山弗擾가 비費 땅에서 반란을 일으킨 사건이 《한시외전韓詩外傳》의 기록과 상치되는 점, 계씨편季氏篇과 미자편微子篇의 많은 부분이 공문孔門과 관계가 없는 점, 요왈편堯曰篇

에서 《고논어古論語》에는 두 편으로 나뉘어 있었으나, 뒤의 다른 본은 합해져 있는 점 등이다.

④ 論語의 上, 下의 차이

《논어論語》 전체를 두고 보면 전 십편과 후 십편으로 서로 문체가 다름을 알 수 있다. 이는 일본인 이등인제伊藤仁齊 등의 주장이다.

대개 전 십편은 문장이 간결하여 100자가 넘으면서 1장을 이루는 것은 두 편밖에 없으나, 후편은 300자가 넘는 것도 1장이 있고, 100~200자 이상의 장은 9장이나 된다는 것이다. 또한 전 십편은 첫 구절이 「子曰」로 시작되는 곳이 6군데, 「孔子謂」·「子謂」·「子罕言」·「孔子於鄕黨」으로 시작되는 곳이 각각 1군데로 〈자한편子罕篇〉 외에는 모두 앞의 2, 3글자 (즉, 子曰……등)를 빼고 편명으로 삼고 있으나, 후 십편은 「子曰先進」의 일편을 제외하고는 모두 처음 두세 글자가 곧바로 편명이 되고 있다. 이 때문에 편자가 다르거나 부분적으로 위작이 끼여들었을 가능성을 주장하게 된 것이다.

(5) 《논어論語》의 편목

현존 《논어》는 《노론魯論》으로 원전을 삼은 것으로 모두 20편 481장 (혹은 508장, 〈朱子集註〉는 499장) 15,919자로 되어 있다. 편명은 첫 구 문장의 앞 글자로 삼았으나, 위의 설명처럼 전 십편은 앞에 붙은 「子曰」이나 「子謂」 등을 빼고 그 뒤의 두세 글자로 정하고 있다. 이를 순서대로 보이면 다음과 같다. 앞은 편명, 뒤는 첫 구를 적은 것이다.

① 學而: 子曰學而時習之
② 爲政: 子曰爲政以德
③ 八佾: 孔子謂季氏八佾舞於庭
④ 里仁: 子曰里仁爲美

⑤ 公冶長: 子謂公冶長可妻也
⑥ 雍也: 子曰雍也可使南面
⑦ 述而: 子曰述而不作
⑧ 泰伯: 子曰泰伯其可謂至德也已矣
⑨ 子罕: 子罕言利與命與仁
⑩ 鄕黨: 孔子於鄕黨恂恂如也
⑪ 先進: 子曰先進於禮樂
⑫ 顔淵: 顔淵問仁
⑬ 子路: 子路問政
⑭ 憲問: 憲問恥
⑮ 衛靈公: 衛靈公問陳於孔子
⑯ 季氏: 季氏將伐顓臾
⑰ 陽貨: 陽貨欲見孔子
⑱ 微子: 微子去之
⑲ 子張: 子張曰士見危致命
⑳ 堯曰: 堯曰咨爾舜

(6) 내용內容

전목錢穆은 《논어論語》의 내용을 9가지로 나누고 있다.

① 개인의 인격 수양의 교훈에 관한 것.
② 사회 논리에 대한 교훈.
③ 정치에 관한 것.
④ 철리에 관한 것.
⑤ 문인, 제자, 고인, 당시인들에 대한 批評.
⑥ 공자의 언행 및 일상생활에 관한 것.
⑦ 공자의 자술 어록.

⑧ 공자에 대한 제자들의 찬미와 당시 인물들의 공자에 대한 비평.
⑨ 공문제자들의 언론, 행동, 사건 등.

그 외에도 기본적인 것이 있으나 여기서는 간단히 「孔門四敎」와 「四科十哲」만 적는다.

① 孔門四敎 : 文(詩, 書 등의 六藝)·行(孝, 反, 睦, 媚, 任, 恤 등의 六行)·忠(傳心盡己), 信(誠實孚行)

② 四科十哲 : 德行(顔淵, 閔子騫, 冉伯牛, 仲弓)·言語(宰我, 子貢)·政事(冉有, 季路)·文學(子游, 子夏)

(7) 공문제자孔門弟子

공자의 제자에 대한 기록은《사기》중니제자열전, 왕숙王肅이 위조한 《공자가어孔子家語》의 제자해弟子解, 문옹文翁의 《제자도弟子圖》 등이 있다.《사기》의 77인 중《논어》에 보이는 자는 72인이며,《공자가어》에도 역시 77인이 실려 있으나《사기》의 77인과 다른 인물은 금장琴張·진항陳亢·현단縣亶 등 셋이다. 또한 문옹의《제자도》에도 72인이 기록되어 있으나 그 중 4명은《사기》나《가어》에 올라 있지 않은 자들이다. 여기서는《논어》에 실린 주요 인물 23인을 간단히 적는다.

① 顔回 : 자는 子淵. 魯人. 공자가 가장 아꼈던 인물.
② 曾參 : 자는 子輿.《논어》에 曾子라 칭하였는데, 이는 그의 제자들의 기록인 듯.《사기》에는 南武城, 혹은 武城 사람이라 하였음.
③ 閔損 : 자는 子騫,《논어》에서 공자가 그의 孝를 칭찬함.
④ 冉耕 : 자는 伯牛. 十哲의 하나. 덕행에 이름이 있음.
⑤ 冉雍 : 자는 仲弓. 역시 덕행에 이름이 있음.
⑥ 端木賜 : 端木은 복성이며 자는 子貢. 衛人.

⑦ 有若 : 《논어》에 有子라 칭하였는데 이 역시 제자들의 기록인 듯. 《史記》에 의하면 공자가 죽은 후 有若이 공자처럼 생겼다고 하여 제자들이 스승으로 모시고자 하였으나 질책을 하며 물러섰다 함.

⑧ 處不齊 : 자는 子賤. 宓不齊로도 표기함.

⑨ 原憲 : 자는 子思.《논어》에는 原思로도 기록됨.

⑩ 言偃 : 자는 子游.《사기》에는 吳人 혹은 魯人이라 하였으며, 공문의 고제임.

⑪ 卜商 : 자는 子夏. 子游와 더불어 문학에 뛰어났다고 함.

⑫ 仲由 : 자는 子路. 孔門 중 정사에 뛰어났다고 함.

⑬ 冉求 : 자는 子有. 정사에 뛰어남.

⑭ 顓孫師 : 자는 子張. 조상은 陳人이나 뒤에 魯로 옴.

⑮ 宰予 : 자는 子我.

⑯ 樊須 : 자는 子遲.

⑰ 南宮适 : 자는 子容.《논어》에는 南容으로 되어 있으며《사기》에는 南宮括로 표기하였음.

⑱ 公西赤 : 자는 子華.

⑲ 高柴 : 자는 子羔 혹은 子皐

⑳ 司馬耕 : 자는 子牛.《논어》에는 司馬牛로 나옴.

㉑ 漆雕開 : 자는 子開.

㉒ 公冶長 : 자는 子長.

㉓ 申棖 :《논어》 공야장편에 한 번 나오며《사기》의 77인 중에는 들어 있지 않음.

한편 이들의 이름과 자의 관계는 의미상, 음운상 서로 상보관계를 이루고 있다. 이를테면 먼저 의미상 연관이 있는 예는, 안회顔回의 자는 자연子淵으로 연(淵)은 끊임없이 움직여야(回)함을 상징적으로 보여주는 것이며, 증삼曾參의 자는 자여子輿로 참마驂馬의 의미를 가지고 있다.

이 때문에 '증참'으로 읽어야 한다는 주장도 있다. 그리고 민손閔損은 자가 자건子騫으로 저는 말騫이라는 본뜻을 가진 글자를 썼으며, 염경冉耕은 백우伯牛(伯은 맏이, 牛는 耕에 관련됨), 단목사端木賜는 사賜(내려주다)에 상보적인 공貢(바치다)으로 자를 삼고 있으며, 복상卜商은 상商나라 이전의 하夏(자하)나라를 자로 삼았고, 중유仲由는 유由와 연관 있는 노路(子路)로 자를 삼았다. 그런가 하면 재여宰予는 자아子我로 여予와 아我가 의미로 서로 같으면서 음운도 서로 쌍성을 이루고 있다.

한편 음운상 서로 연관이 있는 경우는 염옹冉雍의 자는 중궁仲弓으로 첩운疊韻관계를 이루며, 언언言偃은 자유子游로 쌍성雙聲관계이며, 염구冉求는 자유子有로 역시 첩운관계이다.

이처럼 고대 인명과 자는 거의 모두가 서로 상보적인 관계를 이루고 있어 이를 바탕으로 분석해 보면 쉽게 이해할 수 있다.

(8) 《논어論語》의 전수傳授

한대의 《노론魯論》은 하후승夏侯勝을 거쳐 소망지蕭望之, 위현韋賢 및 그 아들 현성玄成에게로 이어진다. 《제론齊論》은 왕경王卿·용생庸生·왕길王吉로 이어지며, 《고론古論》은 공안국孔安國이 훈해訓解를 쓴 후 부경扶卿에게로 전하고, 다시 후한에 이르러 마융馬融이 훈訓을 달게 된다. 성제成帝 때에 이르러 장우張禹가 하후夏侯로부터 《노론魯論》을 배우고, 이어서 용생庸生·왕길王吉로부터 《제론齊論》을 학습하여 《장후논어張侯論語》를 이루었고, 한말에 이르러 정현鄭玄이 《노론魯論》의 편장을 근거로 주해를 지어 삼론합일三論合一로 맺었다. 위魏에 이르러 진군陳群·왕상王常·주생열周生烈 등이 각각 《논어論語》에 일설을 붙였다.

그 후 하안何晏이 공안국孔安國·포함包咸·마융馬融·정현鄭玄·진군陳群·왕숙王肅·주생열周生烈 등의 여러 주와 의견을 채집하여 주해를 지어 《논어집해論語集解》라 하여 일단락을 고하였다. 그러나 이것이 훈고에 치우쳐 있었으므로, 양梁나라에 이르러 황간皇侃이 《논어의소

論語義疏》를 지었고, 송에 이르러 형병邢昺이 이를 다시 산정刪定하여 의리義理와 훈고訓詁를 재정리하였으며, 정주학程朱學의 흥기로 말미암아 의리義理로써 경經을 해석하는 풍이 다시 일어 《주자집주朱子集注》본本이 행세하였다. 청대에는 유보남劉寶楠이 한유漢儒의 구설과 청대 각가의 의견을 모아 《논어정의論語正義》를 지어 송학宋學의 오기를 바로잡았다.

현재의 《십삼경주소본十三經注疏本》은 하안何晏의 집해集解와 형병邢昺의 疏를 本으로 하고 있으며, 유보남劉寶楠의 정의본正義本은 《제자집성諸子集成》에 들어 있고, 주자朱子의 집주본集注本은 따로 단행본으로 유행하고 있다.

3. 《孟子》

(1) 작자作者

《맹자孟子》는 맹가孟軻의 언론을 기록한 책이다. 그런데 이를 기록하여 책으로 만든 이는 누구인가? 이에 대해서는 역대로 설이 다양하다. 대체로 다섯 가지로 나누어 볼 수 있다.

① 孟軻가 스스로 지었다는 설

《史記》孟子列傳에,

"天下方務於合從連衡, 以攻伐爲賢. 而孟軻乃述唐虞三代之德, 是以所如者不合, 退而與萬章之徒, 序詩書, 述仲尼之意, 作孟子七篇"

이라 하였고, 또 漢 趙岐의 《孟子題辭》에,

"此書, 孟子之所作也. 故總謂之孟子. ……孟子通五經, 尤長於詩書, …… 退而論集所與高第弟子公孫丑萬章之徒, 難疑問答. 又自撰其法度之言, 著書七篇"

이라 하였으며, 應劭의 《風俗通義》窮通篇에도,

"孟軻受業於子思, 旣通, 游於諸侯. 所言皆以爲迂遠而濶於事情. 然終不屈, ……退與萬章之徒, 序書詩仲尼之意, 作書中外十一篇"

이라 하였다. 또한 昭明太子의 《文選》辨命論의 李善 注에서 晋 傅子의 설을 인용하여,

"昔仲尼旣歿, 仲尼之徒, 追論夫子之言, 謂之論語. 其後鄒之君子, 孟子興擬其體, 著七篇, 謂之孟子"

라 하였으며, 《朱子全書》에도,

"觀七篇筆勢, 如鎔鑄而成, 非綴輯可就"

라 하여 맹자 자신의 작업에 의해 이룩된 것이라 하였다. 또한 《孟子集註》에서 金履祥은 王文憲의 말을 인용하여,

"孟子與齊宣王問答首章, 開闔變化, 精神超越, 而元氣不動. 非門人所得傳, 此是傳不得處"

라 하였고, 郝敬도,

　"論語章法簡短, 故是後人記錄, 孟子文長展, 非他手可代, 正是孟子手筆"
이라 하여 맹자 자신이 기록하였을 가능성을 주장하였다.

　② 맹자 제자의 기록이며 맹자가 이를 보고 刪改하여 이루어졌다는 설
　송대 董權重이 朱子에게 이렇게 질문하였다.

　"孟子之書, 趙岐謂其徒所記. 今觀七篇文字, 筆勢如此, 決是一手所成,
非魯論比也. 然其間有孟子道性善, 言必稱堯舜. 亦恐是其徒所記, 孟子必
曾略刪定也."
　이에 따라 제자의 기록을 직접 보고 일부를 수정하였으리라는 주장이다.

　③ 맹자 문하 제자의 기록이라는 설
　《太平御覽》에,

　"孟子之書, 爲門人所記, 非自作也. 故其志行多見, 非惟教辭而己"
라 주장하였고, 唐의 韓愈도 《答張籍書》에서,

　"軻之書, 非自著. 旣歿, 其徒萬章·公孫丑, 相與記軻所言焉耳"
라 하였다. 宋의 晁公武도 《郡齋讀書志》에서,

　"按此書, 韓愈以爲弟子所會集, 非軻自作. 今考其書, 則知愈之言, 非妄
發也. 書載孟子所見諸侯, 皆稱諡. 如齊宣王·梁惠王·梁襄王·滕定公·
滕文公·魯平公是也. 夫死然後有諡, 軻著書時所見諸侯不應皆死. 且惠王
元年至平公之卒, 凡七十七年. 孟子見惠王, 王目之曰叟, 必已老矣. 決不
見平公之卒也. 故予以愈言爲然"
이라 하여 구체적인 증거를 제시하고 있다.

　④ 맹자의 자작이며, 문하 제자들에 의해 叙定되었다는 설
　淸의 閻若璩(字는 百詩, 號는 潛邱)는 《孟子生卒年月考》에서,

　"孟子. ……道不行, 歸而作書七篇, 卒當赧王之世. 卒後, 書爲門人所叙定.
故諸侯王皆加諡焉"

이라 하였다.

⑤ 맹자의 문하 제자들이 지은 것으로 중간에 再傳弟子들의 기록이 섞여 들었다는 설

이는 宋 林之奇의 《孟子講義序》에서 주장한 것이다.

"論語·孟子, 皆先聖旣歿之後, 門弟子所錄. 不惟門弟子所錄, 亦有出於門弟子門人者. ……如孟子之書, 乃公孫丑·萬章諸人之所錄. 其稱「萬子曰」者, 則又萬章門人之所錄, 蓋集衆人之聞見而後成也."

또한 청의 周廣業도 《孟子四考》에서,

"此書叙次數十年之行事, 綜述數十人之問答, 斷非輯自一時·出自一手, 其始萬章之徒, 追隨左右, 無役不從, 於孟子言動, 無不熟察而詳記之. ……其後編次遺文, 又疑樂正子及公都子·屋廬子·孟仲子之門人與爲之"

라 하여 시간상으로나 내용상으로 문인의 문인들이 기록한 것으로 여기고 있다. 근래에 이르러 가장 합리적인 추리로 보고 있다.

(2) 체재體裁

《맹자》는 모두 7편으로 각 편이 다시 상·하로 나뉘어져 있다.

한漢의 조기趙岐는 《맹자제사孟子題辭》에서,

"著書七篇二百六一章, 三萬四千六百八十五字"

라 하였으나, 지금의 《맹자집주孟子集註》에는 260장이며, 엽소균葉紹鈞·주자청朱自淸의 계산에 의하면 35,226자로 되어 있다.

《맹자孟子》 7편은 ① 梁惠王(上·下) ② 公孫丑(上·下) ③ 滕文公(上·下) ④ 離婁(上·下) ⑤ 萬章(上·下) ⑥ 告子(上·下) ⑦ 盡心(上·下)으로 되어 있다. 이를 흔히 「孟子內篇」이라 하며 이 밖에 《맹자외서孟子外書》라는 것이 있었다. 이는 〈성선변性善辨〉·〈문설文說〉·〈효경孝經〉·〈위정爲政〉 4편을 두고 하는 말이다. 한漢의 조기趙岐는 《맹자제사孟子題辭》에서,

"其文不能弘深, 不與内篇相似, 似非孟子本眞. ……後世依放而託者爲之"
라 하여 이《외서外書》4편은 모두 제거해 버렸다. 이로부터《맹자》를
연구하는 자들은 한결같이 조기趙岐의 이 7편을 기본으로 하였으며,
《외서外書》4편은 결국 실전되어 미궁에 빠지고 말았다.

다만 그 잔결 일문이 한대 이전의 책들에는 가끔 보이는데, 예를
들면《순자荀子》대략편大略篇에,

"孟子三見宣王而不言事, 門人曰:「曷爲三過齊王而不言事?」孟子曰:
「我先攻其邪心.」"
이라는 구절이며,《한시외전韓詩外傳》권2에도,

"高子問於孟子曰"
운운하여 그 아래의 긴 문장은 바로《맹자외서孟子外書》의 일문이 아닌가
보고 있다.

(3) 내용内容

《맹자》의 내용은 다음과 같이 다섯 가지로 나눌 수 있다.

① 心性에 관한 것.
② 정치 주장에 관한 것.
③ 수양 방법에 관한 것.
④ 처세 방법에 관한 것.
⑤ 역사 인물에 대한 비평.

또한 이왈강李曰剛은《맹자孟子》의 대의大義를 ① 道性善 ② 提倡民權
③ 注重民生 ④ 重仁義輕功利 ⑤ 拒楊墨放淫辭로 보았다.

(4)《맹자孟子》의 전수傳授와 十三經 列入 過程

《맹자》는《한서漢書》예문지藝文志와《수서隋書》경적지經籍志까지만

해도 자부子部의 유가儒家에 속해 있었다. 그러나 송대에 이르러 주희朱熹에 의해 《논論》·《용庸》·《학學》과 더불어 사서四書로 중시되었고, 이어서 십삼경에까지 열입되었다.

그 경위를 살펴보면, 당 대종代宗 보응寶應 2年(763년)에 예부시랑禮部侍郎 양관楊綰의 소청疏請에 의해 《논어論語》·《맹자孟子》·《효경孝經》을 경으로 격상시키게 되고(《唐書》選擧志)이어서 당 의종懿宗 함통咸通 4年(863)에 진사 피일휴皮日休가 《맹자孟子》를 태학太學의 학과로 삼을 것을 청하는 (《文獻通考》)등 활발한 「존맹활동尊孟活動」이 있었다.

그 후 송宋 인종仁宗 가우嘉祐 6年(1061)에 전정이체석경篆正二體石經을 새겨 정식으로 경부經部에 열입시키게 되었다.

그러나 구양수歐陽修가 《당서唐書》 예문지藝文志를 지을 때는 역시 《맹자孟子》를 자부子部 유가류儒家類에 집어넣어 《한서漢書》·《수서隋書》를 따랐다. 남송에 이르러 진진손陳振孫이 《직재서록해제直齋書錄解題》에서 《맹자孟子》를 경부經部에 넣으면서,

"自韓文公稱孔子傳之孟軻, 軻死不得其傳; 天下學者咸曰孔孟, 孟子之書, 固非荀楊以降, 所以可同日而語也. 今國家設科, 語孟並列於經; 而程氏諸儒, 訓解六書, 常相表裏, 故合爲一類"

라 하여 정식 경으로서의 위치를 굳히게 된다. 우리나라에서는 《주자집주》본本을 많이 읽어 왔다. 현재 《십삼경주소본》은 한漢 조기趙岐의 주注와 송宋 손석孫奭의 소疏를 본으로 한 것이라 하나, 손석孫奭의 주注가 아니라, 소무邵武의 사인士人에 의해 위탁된 것이며, 내용도 천루하다고 알려져 있다.

《맹자》의 진수는 한나라 때에 경으로 격상되지 못한 때문에 비교적 복잡하지 않을 뿐더러, 앞서 설명한대로 조기趙岐의 외편外篇을 파기한 사건 외에는 별로 첨삭의 과정이 적은 편이다.

4.《中庸》

《중용中庸》은 원래《예기禮記》제 31편에 들어 있었다. 그러나 이는 한대부터 이미 중시되어 왔다.

(1) 명칭名稱

《중용中庸》의 명칭에 대해 정현鄭玄은,

"名曰中庸者, 以其記中和之爲用也. ……庸, 常也. 用中爲常道也"
라 하였으며,

정신程頤은,

"不偏之謂中, 不易之謂庸. 中者, 天下之正道; 庸者, 天下之定理"
라 하였다. 그리고 주자朱子는,

"中庸者, 不偏不倚, 無過不及, 而平常之理"
라 하여 常道·正道·定理·平常之理 등으로 보았다.

(2) 작자作者

《중용中庸》의 작자에 대해서는 자사子思(孔伋)라는 데에 큰 이의가 없다.

《사기史記》공자세가孔子世家와 정현鄭玄의《목록目錄》, 공영달孔穎達의 《예기정의禮記正義》의 기록이 일치하고 있기 때문이다. 주희朱熹는 《중용장구中庸章句》의 서序에서 확정적으로,

"道統之傳, 有自來矣. ……子思懼夫愈久而愈失其眞也. 於是推本堯舜以 來相傳之意, 質以平日所聞父師之言, 互相演繹, 作爲此書, 以詔後之學者"
라 하였다.

다만 청대의 원매袁枚는 서경西京 유생儒生의 위탁일 것이라 의심하였다. 그는《논어論語》와《맹자孟子》에는 산山을 일컬을 때 태산太山이라 하였으나,《중용中庸》에는 화산華山이라 한 것으로써 서경西京 유생儒生의

위탁이라 보았다. 또《설문說文》의 서序에는
"戰國之時, 車涂異軌, 律令異法, 文字異形"
이라 하였는데,《중용中庸》에는
"今天下, 車同軌, 書同文"
이라 한 것을 들어 한대의 작품이라 하였다. 최술崔述도 역시《맹자孟子》
이후의 작품이라 의심하였으나 원매袁枚의 설은 근인 진반陳槃에 의해
반박이 가해졌다.

(3) 중용中庸의 단행본單行本

《중용中庸》은《한서漢書》예문지藝文志에 이미《중용설이편中庸說二篇》
의 기록이 보이고,《수서隋書》경적지經籍志에는,
"宋戴顒禮記·中庸傳二卷, 梁武帝中庸講疏一卷, 私記制旨中庸義五卷"
의 기록으로 보아 宋 朱熹 이전에 이미 단행본이 통행되었음을 알 수 있다.

(4) 내용內容

《중용中庸》은 공문孔門의 최고 경지의 인생철학서이다.《중용中庸》첫 구에,
"天命之謂性, 率性之謂道, 修道之謂教"
라 하여 성性·도道·교教 세 가지를 근본으로 하고 있다.「性」은 천명에서
말미암은 것이며, 이를 통솔하는 것은「道」이고, 道를 수양하는 것은
「教」라 보며, 이의 순환循環으로 법천法天·지성至誠의 원리를 설명하였다.
이에 성誠을 바탕으로 天下大本을 세우는 것을「中」, 天下達道를 행하는
것을「和」로 삼아 치중화致中和하면 天地가 位하고 萬物이 育한다고 하였다.
따라서 주자의《중용장구中庸章句》본문 序에 이렇게 말하고 있다.
"此篇, 乃孔門傳授心法. 子思恐其久而差也. 故筆之於書, 以授孟子, 其書
始言一理, 中散爲萬事, 末復合爲一理. 放之則彌六合, 卷之則退藏於密,
其味無窮, 皆實學也. 善讀者, 玩索而有得焉, 則終身用之, 有不能盡者矣."

5. 《大學》

《대학大學》은 《예기禮記》 제 42편에 들어 있었으나, 사마광司馬光의 《중용대학광의中庸大學廣義》 1권이 나온 후에 《중용中庸》과 함께 따로 칭해지기 시작하였고, 하남河南의 이정二程(程顥, 程頤)에 의해 표장表章이 더해져서 《논어論語》·《맹자孟子》와 병행되었다.

주자는 《대학장구大學章句》 본문 序에서,

"子程子曰: 大學, 孔氏之遺書, 而初學入德之門也. 於今可見古人爲學次第者, 獨賴此篇之存, 而論孟次之, 學者必由是而學焉. 則庶乎其不差矣"
라 하여 먼저 대학大學·중용中庸을 읽고, 論·孟으로 들어가야 한다고 주장하였다.

(1) 명칭名稱

《대학大學》의 명칭에 대해서는 두 가지 설이 있다.

① 고대의 교육제도상 小學, 大學이 있었다는 설
이는 주자의 주장이다. 그는 《大學章句》 序에서,

"大學之書, 古之大學所以敎人之法也. …… 人生八歲, 則自公以下, 至於庶人之子弟, 皆入小學. …… 及其十有五年, 則自天子元子衆子, 以至公卿大夫士之適子, 與凡民之俊秀, 皆入大學"
이라 한 것이 그것이다.

② 大學이란 大人(小人에 상대되는 의미로 군자 혹은 위정자)의 학문이라는 설
이는 《大學》의 내용으로 보아 八條目 중에 平天下의 경지에 이르도록 君子를 길러낸다는 뜻으로 孔穎達의 《目錄》에,

"名曰大學者, 以其記博學, 可以爲政也"
라 한 것이 그것이다.

(2) 작자作者

① 공자의 손자인 子思(孔伋)가 지었다는 설

한의 賈逵는,

"孔伋窮居於宋, 懼家學之不明, 作大學以經之, 中庸以緯之"

라 하였다. 그러나 《史記》의 孔子世家와 鄭玄의 《禮記目錄》 등에는 子思가 《中庸》을 지었다는 기록만 있다. 賈氏의 주장은 子思가 《中庸》을 지었다면 《大學》과 《中庸》은 체계적으로 관계가 있기 때문에 《大學》도 그가 지은 것이라 추단한 것으로 여겨진다.

② 曾子와 그 문인이 지은 것이라는 설

朱子는 《大學章句》를 撰集할 때, 經一章과 傳十章으로 나누어 놓고, "經一章, 蓋孔子之言, 而曾子述之. 其傳十章, 則曾子之意, 而門人記之也" 라 하여 경은 공자가 한 말을 曾子가 기술한 것이고, 傳은 증자의 뜻을 그의 문인들이 기록한 것이라 보고 있다. 이는 《大學》 중에 「曾子曰」이란 구절 때문에 추단된 것이나, 이상 두 가지 모두 신빙성이 없어 아직도 결론을 내리지 못하고 있는 상태이다.

(3) 대학大學의 단행본單行本

송宋 이전에는 물론 단행본이 없었다. 송宋 인종仁宗 때에 《대학大學》 책을 진사進士 왕공진王拱辰에게 하사하였다는 기록이 있으나, 주희朱熹에 의해서 단행본이 나온 것으로 보고 있다.

(4) 내용內容

《대학大學》은 유가의 정치철학을 강령綱領과 단계별 조목條目으로 나누어 설명한 것으로, 크게 「삼강령三綱領」·「팔조목八條目」·「본말종시 本末終始」로 나눌 수 있으며, 체제는 경일장(三綱領, 八條目 및 本末終始를 총론적으로 기술)과 傳十章(앞의 총론을 자세히 설명)으로 나누어져 있다.

① 三綱領 : 明明德, 親(新)民, 止於至善.
② 八條目 : 格物, 致知, 誠意, 正心, 修身, 齊家, 治國, 平天下.
③ 本末終始 : 教人의 차례이며 求學의 순서. "物有本末 事有終始, 知所先後, 則近道矣"가 그것이다.

Ⅱ. 儒家와 經書

1. 儒家의 名稱

보통 「儒」字의 의미는 6가지 정도로 보고 있다.

① 柔의 뜻 : 《說文》의 "儒, 柔也. 術士之稱"이라 함.

② 區의 뜻 : 《後漢書》杜林傳의 通儒의 注에서 《風俗通》을 인용한 가운데 "儒者, 區也. 言其區別古今, 居則翫聖哲之詞; 動則行典籍之道. 稽先王之制, 立當時之事, 此通儒也"라 함.

③ 涵濡의 뜻 : 《禮記》儒行篇의 孔穎達 疏 가운데 "儒者, 濡也. 以先王之道, 能濡其身也"라 함.

④ 通達의 뜻 : 揚雄의 《法言》君子篇의 "通天地人曰儒"라 함.

이상 네 가지 외에 일반적으로,

⑤ 學者 : 여러 史書의 儒林傳 등.

⑥ 教育家 또는 德行을 갖춘 자 : 《周禮》太宰篇의 鄭注 가운데 "儒諸侯保氏有六藝以教人者"와 《禮記》儒行篇 등.

따라서 「유儒」는 재예와 학문을 갖추고 있는 이상적인 학자요 교육자이며, 또한 천지에 통달하고 고금을 구별하며 덕행을 갖추어서 백성을 교도하는 것을 주장하는 학설이라 불 수 있다. 또한 《순자荀子》유교편 儒教篇이나 《묵자墨子》비유편非儒篇의 유儒는 바로 공문孔門을 가리키는 말이며, 중국철학과 통치이념에 가장 영향이 컸던 학설이다. 특히 경학의 십삼경전은 모두 이 유가와 직접 관련이 있고, 또한 그것으로 유래가 오래임을 알 수 있다.

2. 儒家의 要旨

《漢書》 藝文志에,

"儒家者流, 蓋出於司徒之官"

이라 하여 司徒(교육을 맡은 周代의 관직)로부터 나왔다고 하였고,

"助人君, 順陰陽, 明敎化者"

라 하여 그들의 임무를 적었으며,

"游文於六藝之中, 留意於仁義之際. 祖述堯舜, 憲章文武, 宗仰仲尼, 以重
其言, 於道爲最高"

라 하여 그들의 宗旨를 밝혔다. 그러나 또한

"然惑者, 旣失精微, 而辟者, 又隨時抑揚, 違離道本, 苟以譁衆取寵, 後進
從之. 是以五經乖析, 儒學寖衰, 此辟儒之患"

이라 하여 유가 末流의 폐해까지 적고 있다.

이로 보면, 儒家는 堯·舜·禹·湯·文·武·周公에서 孔·孟으로 이어
오면서 禮敎와 仁義를 숭상하여 이상정치를 실현하겠다는 일종의 정치
철학인 셈이다. 유가의 중요한 인물로는 孔子·曾子·子思·孟子·荀子·
晏子·虞卿 등을 들 수 있다.

3. 儒家의 人物 및 學說

(1) 공자孔子(B.C.551~479)

이름은 구丘이며 자는 중니仲尼. 주周 영왕靈王 21년(魯 襄公 22년, 그의 출생월일에 대해 최근에는 9월 28일로 계산하여 밝힘)에 노나라의 추읍陬邑 곡부曲阜에서 태어나 주周 경왕敬王 41년까지 73세를 살았다.

부친의 이름은 흘紇, 자는 숙양叔梁이며 어머니는 안징재顔徵在이다. 《사기史記》 공자세가孔子世家에 행적이 자세히 기록되어 있다.

배움에 상사常師가 없었으나, 노자老子에게 禮를 물었고, 장홍萇弘을 찾아 음악을 배웠으며, 사양師襄에게는 거문고를, 관제에 대해서는 담자郯子에게 물었다고 하였다. 노魯나라의 사구司寇를 지냈으며, 55세 때부터 14년 간 천하열국을 다니면서 유세하였으나 그 도가 실행되지 않자, 노魯나라로 돌아와 저술에 힘썼다. 흔히 "刪詩書, 訂禮樂, 贊周易, 修春秋"하였다고 알려져 있으며, 그 외에 그의 사상을 잘 알 수 있는 《논어論語》와 여러 經의 기록들이 있다. 그의 제자는 3천에, 육예六藝에 능통한 자가 77인(혹 72인)이었다고 한다.

그의 사상은 「仁」을 근본으로 하여, 인으로 드는 길은 「忠恕」이며, 충서를 베풀기 위해서는 「孝悌」에서 시작해야 한다고 보았다. 이는 일관된 도로서, 일국에 있어서도 이와 같은 인의 구현으로 소강小康에서 대동大同의 경지에 이를 수 있다는 것이다.

그의 정치와 인생에 대한 철학은 결국 다방면으로 표출되어 언행은 물론 교육에까지 박대정미博大精微하여, 중국의 학술과 철학사에서는 물론 동양사상사에 있어서도 가장 뛰어난 인물로 기록되어 있다. 그래서 흔히 말하듯 「지성선사至聖先師」로 추앙받게 된 것이다.

(2) 맹자孟子(B.C.372~289)

이름은 가軻이며 자는 자여子輿, 추인鄒人으로 주周 열왕烈王 4년에 태어나 주周 난왕赧王 26년에 죽었다. 자사子思의 문인에게서 수업하였고, 제齊·양梁(魏)·등滕·송宋 등을 돌아다니며 자신의 주장을 폈으나 실행되지 못하자, 돌아와 제자인 만장萬章 등과 함께 《맹자孟子》 7편을 지었다고 한다.

그의 사상은 성선설性善說을 중심으로 인정仁政, 왕도정치王道政治, 예의 중시禮義重示, 인의정치仁義政治, 양주楊朱와 묵적墨翟에 대한 비판, 허행許行에 대한 비판 등이 있다.

그의 행적은 《사기》 권 74에 들어 있고, 공자孔子의 학설을 가장 잘 이어받아 「아성亞聖」으로 불린다. 《맹자》는 13경에 열입되어 주요한 경전으로 인정받고 있다.

(3) 증자曾子

이름은 삼參, 자는 자여子輿이며 무성인武城人이다. 공자의 제자로 공자보다 46세 적은 나이였으며, 공자는 그의 효를 칭찬하였다. 《증자曾子》 10편이 있었다고 하며, 《대학大學》과 《효경孝經》을 지었다고 알려져 있다.

(4) 자사子思

이름은 급伋이며 자는 자사子思. 공자의 손자孫子로 증자曾子에게 배웠다고 한다. 《사기史記》 공자세가孔子世家에,

"孔子生鯉, 字伯魚. 伯魚年五十, 先孔子死. 伯魚生伋, 字子思. 年六十二嘗困於宋, 作中庸"

이라 하여 《중용中庸》을 지었다고 하였다. 뒤에 《소대례小戴禮》 속의 〈방기坊記〉·〈표기表記〉·〈치의緇衣〉도 자사가 지었다고 하나, 지금은 이 세 편 모두 자사의 문인이 지은 것으로 여기고 있다.

(5) 순자荀子(B.C.315~236 혹은 211)

이름은 황況이다. 당시 사람들이 높여 경卿을 붙여 순경荀卿이라 불렀으며, 한漢 선제宣帝(劉詢)의 이름을 휘諱하여 손경孫卿이라고도 불렀다《史記》索隱). 조趙나라 사람으로 주周 난왕赧王 2년에 태어나 진시황秦始皇 26年(?)에 죽었다고 하나 그의 생졸년대는 아직도 확실히 알 수는 없다.

《사기史記》권 74에 그의 전이 있으나 매우 간략하여 깊이 알기가 어렵다. 그는 50세에 비로소 제齊를 거쳐 초楚로 가서 춘신군春申君을 만나 난릉蘭陵의 영令을 지냈다.

그의 저서는 《한서漢書》에 《손경자孫卿子》32편과 〈부賦〉 10편이 있었다고 하였으나, 지금 전하는 것은 당唐 양경楊倞의 주注에 근거한 청淸 왕선겸王先謙의 집해본集解本이 가장 정밀한 정본으로 알려져 있다. 그의 사상은 맹자孟子와는 달리 성악설性惡說을 중심으로 예禮를 숭상하였고, 요순堯舜에 대한 관점도 달랐다. 그래서 뒤에 유가들에 의해 반대와 배척을 받기도 하였다.

《순자荀子》32篇(王先謙集解)의 篇目을 살펴보면 아래와 같다.

① 勸學 ② 修身 ③ 不苟 ④ 榮辱 ⑤ 非相 ⑥ 非十二子 ⑦ 仲尼 ⑧ 儒效 ⑨ 王制 ⑩ 富國 ⑪ 王霸 ⑫ 君道 ⑬ 臣道 ⑭ 致仕 ⑮ 議兵 ⑯ 彊國 ⑰ 天論 ⑱ 正論 ⑲ 禮論 ⑳ 樂論 ㉑ 解蔽 ㉒ 正名 ㉓ 性惡 ㉔ 君子 ㉕ 成相 ㉖ 賦 ㉗ 大略 ㉘ 宥坐 ㉙ 子道 ㉚ 法行 ㉛ 哀公 ㉜ 堯問

(6) 안자晏子

이름은 영嬰이며 자는 평중平仲, 제齊의 대신으로 영공靈公·장공莊公·경공景公을 섬겨 절검으로 이름이 났으며, 《사기史記》권 62에 관자管子와 함께 전이 있다.

그의 책 《안자晏子》(혹은 《晏子春秋》라고도 함)에 대해 손성연孫星衍은, 안자가 죽은 후 그의 빈객들이 제齊의 사서인 《춘추春秋》에서 그의 행실을 모아 만든 것으로 보고 있다. 그런데 그 내용은 공자를 비평하였고, 애민愛民·비전非戰·상현尙賢·상검尙儉 등의 주장이 있어 묵자墨子의 사상과 같은 점이 많아 묵가墨家에 열입되어야 한다고 주장하는 이도 있으나(柳宗元 등), 그의 숭예崇禮와 비귀非鬼의 사상은 묵가墨家와 상반되므로 《한서漢書》 예문지藝文志에서는 유가儒家에 소속시키고 있다.

현재의 《안자춘추晏子春秋》는 원래 유향劉向의 《별록別錄》에는 8편이라 하였으나, 유흠劉歆의 《칠략七略》에는 7편으로 기록되어 있다. 명대 綿沙閣 刻本에는 內篇 6편, 外篇 2편으로 되어 있고, 뒤에 손성연孫星衍이 명대 沈啓南 刻本을 저본으로 주석注釋과 음의音義를 달았으며, 오늘날 장순일張純一의 교주본校注本이 가장 잘 된 본으로 알려져 통용되고 있다. 모두 內外 8편 215장으로 되어 있다. 《제자집성諸子集成》의 장순일張純一 본本(여기서는 墨家에 속해 있음)을 근거로 편명篇名을 적어 보면 다음과 같다.

① 諫上 ② 諫下 ③ 問上 ④ 問下 ⑤ 雜上 ⑥ 雜下(이상 內篇) ⑦ 重而異者 ⑧ 不合經術者(이상 外篇)

Ⅲ. 宋元明淸代 理學(性理學)

1. 理學의 含義

이학理學이란, 송명宋明 양대에 걸쳐 주요 학자들이 유학儒學을 근간으로 하여 불교사상佛敎思想 및 도가사상道家思想을 섞어 인간의 본체本體라고 생각되는 心·性·理·氣 등을 연구한 학문을 일컫는다.

이러한 인간 심성心性 연구의 발원은 실제로 오래 전부터 싹튼 것으로, 가령 전경위주傳經爲主의 방법方法 및 연구硏究는 자하子夏·순자荀子에게서 비롯되어 장구章句의 훈고訓詁를 중심으로 하여 뒤의 한대漢代 경학經學으로 맥을 이어주었으며, 또한 전도위주傳道爲主의 연구硏究는 증자曾子·맹자孟子에게서 비롯되어 송명宋明의 이학理學으로 꽃을 피우게 된다.

따라서 이학理學의 치학방법治學方法은 경經을 말할 때 훈고訓詁보다는 의리義理와 사상思想을 중시하여 심성心性을 밝혀 보려는 태도에 집착하고 있다. 또한 이들은 사서四書를 강학講學의 근거로 삼아 도선道禪과 음양오행陰陽五行의 설說을 참작한 것이 특징이기도 하다. 그리고 이학理學의 입론立論은 위진시대魏晉時代 도가道家 현학玄學을 바탕으로 수당隋唐 불학佛學의 인식론認識論이 그 동기였음은 자명한 일이다.

한편 이학理學의 명칭에 대해서는 도道와 이理를 같은 뜻으로 보아 「도학道學」이라고도 하며, 송대宋代에 흥하였다고 하여 「송학宋學」으로도 부른다. 우리나라에 들어와서는 「성리학性理學」, 특히 조선시대엔 정자程子·주자朱子의 학설이 주류를 이루어 「정주학程朱學」 또는 주자朱子 중심의 학문으로 좁혀 「주자학朱子學」이라고도 하나 이는 전체를 포괄하는 의미가 아닌 지엽적인 명칭일 뿐이다.

이 학문에 종사하는 이들을 이학가理學家 또는 도학가道學家 등으로 부르며, 이들의 학문 분화를 집대성集大成한 것으로 황종희黃宗羲의 《송원학안宋元學案》·《명유학안明儒學案》등의 자료가 가장 널리 이용되고 있다.

이학理學이 송대宋代와 명대明代의 대표적代表的 학술學術이나 본편本篇에서는 원대元代 및 청대淸代의 발전 상황도 간단히 설명하여 연관성을 밝혀 둔다.

2. 理學興起의 原因

송대宋代 이학理學이 일어나게 된 원인은 여러 가지가 있겠으나,
그 중에서도 대체로 다음 6가지를 들 수 있다.

① 佛敎의 影響

불교佛敎는 동한東漢 때 중국에 전파된 후 육조六朝와 수당隋唐을 거치면서
극성을 이루었다. 이는 종교적宗敎的 차원次元을 넘어 일반학자들 사이에도
학문적으로 연구하였으며, 그로 인해 유학자儒學者들도 그 심원深遠한
사상에 매료되게 되었다.

유儒와 불佛은 초기에는 서로 배척 관계였지만, 오대五代에 이르러서는
오히려 조화를 이루었다. 불교佛敎의 여러 종宗은 쇠하고 선종禪宗이
주류主流를 이루게 되자, 이에 유가儒家에서는 선종禪宗의 심성론心性論
등에 관심을 기울여 성리학性理學 흥기興起의 한 발단이 되었다.

② 道敎의 影響

오대五代 때에 천하가 시끄러워지자, 사람들은 다시 산림山林에 둔적遁跡
하게 되었다. 이를테면 화산華山의 진단陳摶, 합주陝州의 위야魏野, 항주
杭州의 임포林逋 등이 그 예이다. 이들은 산림山林에 묻혀 독서와 저술로,
행동을 바르게 하는 법을 택하여 결국 유도결합儒道結合의 새로운 길을
열게 되었다. 더구나 진단陳摶이 역리易理를 도가사상道家思想에 혼입混入한
방법은 후세에 영향이 컸으며, 주돈이周敦頤의 《태극도太極圖》와 소옹
邵雍의 《선천도先天圖》는 바로 이 진단에서 비롯된 것이다.

③ 儒學獎勵策의 影響

송宋 태조太祖는 즉위 후 먼저 공묘孔廟를 수축하고 유학儒學을 장려하여
"朕欲武臣盡讀書, 以使知爲治之道"와 "宰相需用讀書人"이라는 말을 공식
화하였다. 뒤를 이어 즉위한 태종太宗은 사관史館에 명命하여 《태평어람

太平御覧》1천 권을 짓게 하고, 천하 일서逸書를 수집하여 숭문관崇文館과 비서관秘書館에 8만 권을 비치하는 등 유학儒學을 제창하였다.

그 뒤의 진종眞宗·인종仁宗도 역시 유학儒學 진흥에 관심을 가져 드디어 유학자儒學者의 새로운 연구 기풍을 형성해 주었다.

④ 書院制度의 影響

오대五代의 혼란으로 유학儒學 등 모든 학문이 쇠패衰敗하자, 교육의 부실화 현상이 나타나게 되었다. 그 때문에 학문에 뜻을 둔 이들이 산림山林에 은거한 학자를 찾아가 정사精舍를 짓고 서로 강학講學하는 기풍이 일게 되었다.

서원書院은 남당南唐의 승원昇元 연간에 나타나 개인의 사설강학私設講學 형태로 출발하였으나, 뒤에 점차 공가公家에서 계획을 세워 설립하게 되었다. 송宋 경력慶曆 때는 대성황大盛況을 보였으며, 특히 남송南宋의 사대서원四大書院(白鹿洞·嶽鹿·應天·嵩陽)이 학술사상에 미친 영향은 실로 지대하였다.

⑤ 儒學의 革新에 대한 時代的 要求

한대漢代 이후의 유학儒學은 모두가 장구훈고章句訓詁에 얽매어 사상의 속박이 심하였다. 이에 유학儒學에 대한 새로운 개척과 혁신을 시도하여 과감히 이를 탈피해 보려는 의식이 생겨났다. 이에 따라 종래 공안국孔安國·정현鄭玄의 견해에 대한 비판이 전혀 불가능하던 분위기를 넘어 舊理論에 대한 회의를 표시하는 단계에까지 이르렀다.

이를테면 《주역周易》의 계사繫辭에 대하여 구양수歐陽修가 의심을 나타냈고, 《주례周禮》에 대해서는 소식蘇軾과 소철蘇轍이, 《맹자孟子》에 대해서는 이구李覯와 사마광司馬光이, 《서경書經》에 대해서는 소식蘇軾이, 《모시毛詩》의 서序에 대해서는 조설지晁說之·정초鄭樵·주희朱熹 등이 과감한 가설로 의심을 표시하여 혁신적인 학문 풍토를 조성하게 되었다.

⑥ 詞章에 대한 反旗

한대漢代의 사부辭賦를 비롯하여 그 뒤의 사육병문四六騈文에 대해 일반인들은 염증과 아울러 내용 없는 형식을 탈피하고자 하는 욕구가 일게 되었다. 따라서 이들 사장詞章의 미려美麗함보다는 의리義理를 따지는 새로운 학문 방법에 대한 기대와 욕구가 이학理學 발전의 촉진제가 되었다.

3. 理學의 派別

一. 發端

이학理學의 발단은 당대唐代
부터 싹터 왔다고 볼 수 있다.
즉, 한유韓愈(768~824)가 《원도
原道》를 지어 도道를 원리적
으로 설명해 보려고 애썼고,
뒤이어 이고李翺가 《복성서
復性書》를 지어 《중용中庸》,
《대학大學》의 내용을 성리性理
로 풀었다. 송대宋代에 이르러

胡瑗(翼之)《三才圖會》

강학講學 풍토가 일어나자, 재야在野에서는 호원胡瑗(南)·손복孫復(北) 등
이 나타나 정이程頤·범순인范純仁·여희철呂希哲 (이상 胡瑗의 제자), 석개
石介·문언박文彦博·주장문朱長文 (이상 孫復의 제자) 등을 길러 내었다.

한편 관직官職을 가진 인물로서는 범중엄范仲淹(989~1052)이 석개石介·
부필富弼 등을 제자로 하고, 또 아들 순우純祐와 순인純仁을 길렀으며,
아울러 장재張載를 키워 관학파關學派의 영수領首가 되도록 하였다. 역시
관직의 구양수歐陽修(1007~1072)는 그 문하門下에 왕안석王安石·증공曾鞏·
소식蘇軾·소철蘇轍을 길렀고, 사마광司馬光도 또 다른 이학발흥理學勃興의
풍토를 제공해 주었다.

二. 時代別 派別

앞서의 발단發端과 발전 과정은 북송北宋·원元·명明을 거치면서
뚜렷한 학파를 형성하여 그 맥을 형성하고 있다. 이들을 시대별로
보면 북송北宋 때는 염계학파濂溪學派·백원학파百源學派·관학파關學派·
낙학파洛學派 등이며, 남송南宋 때는 민학파閩學派·강서학파江西學派·

절동학파浙東學派, 명대明代에는 백사학파白沙學派·요강학파姚江學派 등이 있어 대체로 9개 학파로 볼 수 있다. 그러나 원대元代·청대淸代에도 역시 이학理學의 연구는 계속되었다.

송명宋明 각 학파의 주요 인물과 학술 주장은 간단히 표로 먼저 살펴보고, 다음에 이를 근거로 시대별, 파별로 나누어 설명하겠다.

宋明理學의 派別

	학파	대표인물 및 주요저술	理氣論
北宋	濂溪學派	周敦頤(자는 茂叔, 濂溪先生이라 부름)《太極圖說》,《通書》등	理氣二元論
	百源學派	邵雍(자는 堯夫, 安樂先生이라 부름, 시호는 康節)《先天圖》,《皇極經世書》,《觀物論》등	客觀的 心一元論
	關學派	張載(자는 子厚, 橫渠先生이라 부름, 關中에 살았음)《正蒙》,《東銘》,《西銘》등	唯物論的 氣一元論
	洛學派	程顥(자는 伯淳, 明道先生이라 부름, 大程子)程頤(자는 正叔, 伊川先生이라 부름, 小程子)모두 濂溪 門下의 兄弟《易春秋傳》,《語錄》, 文集(小程) 등	程顥: 性一元論 程頤: 理氣二元論
南宋	閩學派	朱熹(자는 晦庵, 元晦, 仲晦, 晦翁, 考亭先生이라 부름)閩(福建省)에서 태어남.《四書集注》,《大學中庸章句》,《易本義》,《朱子語類》등	理氣二元論
	江西學派	陸九淵(자는 子靜, 象山先生이라 부름)《象山全集》,《語錄》등	主觀的 心一元論
	浙東學派	呂祖謙(金華系), 葉適(永嘉系), 陳亮(永康系) 등.《龍川文集》,《水心文集》등	朱陸折衷, 功利主義
明	白沙學派	陳獻章(자는 公甫, 白沙先生이라 부름)《白沙子集》등	相對的 心一元論
	姚江學派	王守仁(자는 伯安, 陽明先生이라 부름)《詩文集》,《五經臆說》,《大學古本旁釋》등	絶對的 心一元論

4. 北宋의 理學

一. 濂溪學派

이 학파의 대표인물은 주돈이周敦頤(1017~1073)이다. 자字는 무숙茂叔이며 원적原籍은 호남湖南의 도현道縣이나 뒤에 강서江西에서 관직을 지냈다. 집은 여산廬山 연화봉蓮花峰 아래였으나 도주道州 영도營道의 집 앞 냇물 이름을 따서 염계선생濂溪先生이라 부른다.

周敦頤(茂叔, 濂溪先生)《三才圖會》

그의 학문은《역易》과《중용中庸》의 철학을 골격으로 하여, 도道·불佛 양가의 사상을 삼입滲入시킨 것이다. 저서로는《태극도설太極圖說》과《통서通書》가 있으며 이를 통해 心, 性, 理, 氣를 파헤친 공功은 바로 이학理學의 개종開宗으로 추앙받게 되었다.

그의《태극도太極圖》는 목수穆修로부터 받은 것으로 알려져 있다. 목수穆修는 또한 한초漢初에 하상공河上公이 짓고, 이어 종이권鍾離權, 여동빈呂洞賓에게로 이어져 송초宋初에 진단陳摶이 화산華山 석벽에 각刻해 놓았던 것을 이어받은 것이라 하나 확실치는 않다. 그러나《태극도太極圖》는 도교道敎에서 나온 것임에 틀림없으며(晁公武의《郡齋讀書志》참조), 이를 주돈이周敦頤가 얻어 새로운 해석을 내려 우주 발생의 원리 및 인생응행人生應行의 정도正道를 밝혀 본 것이다.

주돈이周敦頤는「天人合德」의「理氣二元論」을 주장하였다. 그의 우주론宇宙論은 태극太極을 우주의 근원으로 삼고 있다. 이 태극太極은 무시무종無始無終, 무성무취無聲無臭하고 지극至極한 理를 가지고 있으며 일정一定한 체관體觀도 없어 곧 무극無極이라고도 표현된다. 이 때문에「無極而太極」

이라고 설명한 것이다. 이와 같은 태극太極을 「理」로 보고 음양陰陽과 오행五行을 모두 「氣」로 보아, 두 가지가 배합配合하여 천지만물天地萬物이 생성生成된다고 설명하였다. 이는 일종의 유물적唯物 설명으로, 우주宇宙는 전지전능한 상제上帝의 창조가 아닌 것으로 설명된 것이다.

그의 심성心性에 대한 이론을 보면, 인성人性은 선善한 것으로 선악善惡은 기幾, 즉 행위 초기의 미세한 동기, 또는 기미에 의해서 갈라지는 것이므로 극기복례克己復禮 하려면 수양修養의 과정을 거쳐야 한다는 것이다. 수양修養의 방법으로는 중정인의中正仁義로써 인극人極을 세우고, 성誠으로써 만물자시萬物資始와 백행지원百行之源을 삼고, 무욕無欲과 주정主靜을 그 기본으로 해야 한다고 하였다. 이는 바로 도불道佛의 청허淸虛, 적멸寂滅, 무위無爲, 무애無碍와 같은 의미라 할 수 있다.

二. 百源學派

소옹邵雍(1011~1077)이 대표적인 인물이다. 자字는 요부堯夫이며 시호諡號는 강절康節이다. 백원百源에서 살았으므로 그가 기거하던 곳의 명칭을 따서 백원선생百源先生이라 불렀다.

그의 선조先祖는 범양인范陽人이었으나 뒤에 공성共城으로 옮겨 소문산蘇門山의 백원百源

邵雍(堯夫, 康節先生)《三才圖會》

(지금의 河南省 輝縣) 근저에 살있다. 당시 이산재李三才가 공성령共城令을 돕고 있다가 목수穆修에게 전해 오던《선천상수도先天象數圖》를 소옹邵雍에게 전해 주어 소옹邵雍은 이를 체득體得하여 학설을 세웠다. 그의 저술著述로는《선천도先天圖》·《황극경세皇極經世》·《관물편觀物篇》등이 있다.

그는 心을 體로, 數를 本으로, 人을 우주宇宙의 중심中心으로 보았다. 그리하여 이로부터 객관적客觀的인 심일원론心一元論을 수립하였다. 그의 우주론宇宙論은 숫자數字로 一(太極)을 시발로 해서, 태극太極이 양의兩儀를 낳고 다시 이것이 사상四象으로 분화, 팔괘八卦를 거쳐 다시 六十四의 중괘重卦로 늘어나는 역수이론易數理論에 바탕을 두고 있다(一分爲二, 二分爲四, 四分爲八, 八分爲十六, 十六分爲三十二, 三十二分爲六十四).

그는 음양陰陽 이원二元으로 만화만사萬化萬事를 설명하였고, 사상四象이 일절一切 현상現象을 통어한다고 보았다. 또한 그의 심성론心性論은 心을 태극太極으로 하는데, 그 태극太極은 곧 道이므로 천지만물의 변화하는 道는 모두가 인심관찰人心觀察에서 비롯되어, 인간人間의 마음에 모두 갖추어져 있다고 하였다. 그래서 "天地生於太極, 太極卽是吾心, 天地之道, 備於人", "萬事萬化生於心"이라고 주장하였다.

그는 또한 맹자孟子의 성선설性善說을 좇아 "心爲性之邦郭, 情爲性之影"이라 하였다. 그의 수양방법修養方法은 무아無我·인물因物·허심부동虛心不動을 주로 하여 그 발단을 「신독愼獨」에서 찾고 있다. 이는 바로《중용中庸》성명지도誠明之道에 근본을 둔 것이라 볼 수 있다.

三. 關學派

장재張載(1020~1077)가 대표적 인물이다. 자字는 자후子厚이며 관중關中의 미현郿縣 횡거진橫渠鎭에 살아 학자들은 횡거선생橫渠先生이라 부른다. 저서로는《정몽正蒙》·《동명東銘》·《서명西銘》·《이굴理窟》등이 있다.

張載(子厚, 橫渠先生)《三才圖會》

그의 학문은 《주역周易》을 종宗으로 삼고, 《중용中庸》을 방법론으로 하며, 공맹孔孟을 극極으로 삼아 천지만물을 일체로 여기고 있다. 따라서 사상은 인仁으로 귀결되어 유물론적唯物論的 기일원론氣一元論을 세웠다.

그의 우주론宇宙論은 태허太虛를 본체本體로 하고 있다. 이 태허太虛는 일원지기一元之氣로, 氣는 본래 무형지정無形之靜하여 체언體言으로는 「太虛」, 용언用言으로는 「太和」로 명명하였다. 그래서 "太虛不能無氣, 氣不能不聚而爲萬物, 萬物不能不散而爲太虛"라 하였고, 이처럼 모여서 만물이 된 것을 「萬殊」, 흩어져 태허太虛가 된 것을 「一本」이라 하였다. 이것이 소위 「理一分殊說」이다.

그의 심성론心性論은 먼저 天·道·性·心을 규정하고(由太虛有天之名, 由氣化有道之名, 合虛與氣有性之名, 合性與知覺有心之名) 끝의 心이 성정性情을 통어統御하고 있는 것으로 보았으며(心, 統性情者也), 이어서 性이 갖추어지지 않으면 善惡이 혼란을 일으키는 것으로 보았다(性, 未成則善惡混). 또한 사람의 강유완급剛柔緩急은 氣의 편중偏重에 따른 것으로, 天은 본래 偏이 없으므로 그것이 「天本」이라 하였다.

따라서 이를 바탕으로 한 수양법修養法은 당연히 기질을 변화시켜 부단히 천부天賦의 선성善性을 회복시키는 것으로 보아, 천인합일天人合一, 물아일체物我一體의 영역으로 끌어올려야 한다는 것이 바로 그의 주장이다.

四. 洛學派

이 학파의 대표인물은 정호程顥·정이程頤 형제로, 이들은 모두 염계濂溪로부터 배워 따로 일파一派를 이룬 것이다. 이들을 이정자二程子라고도 하며 그들의 학문을 낙학洛學이라 한다.

정호程顥(1032~1085)는 자字가 백순伯淳이며 명도선생明道先生이라 부르고, 저서로는 《식인편識仁篇》과 《정성定性》 등이 있다. 흔히 이를 대정자大程子라 부른다. 한편 정이程頤(1033~1107)는 자字가 정숙正叔이며, 처음엔

광평선생廣平先生이라 불렀으나, 뒤에는 이천伊川에 살아 이천선생伊川先生이라 불렀고, 구분하여 소정자小程子라고도 한다.

이학가理學家들은 흔히 이 이정二程의 학문을 일가一家로 보고 있다. 그러나 실제로 대정大程은 심성론心性論에 치우쳤고, 소정小程은 이기理氣에 편중되어 있다. 이것이 곧 뒤의 정주파程朱派(정자, 주자)와 육왕파陸王派(육상산, 왕양명)의 소위 이학理學, 심학心學 구분의 발단이 된다. 소정小程(伊川)은 정주학程朱學의 개조를 이룬 셈이며, 대정大程(明道)은 육왕陸王 심학파心學派의 선구가 된 셈이다. 따라서 계통별로 보면 횡거橫渠(張載)는 염계濂溪(周敦頤)나 백원百源(邵雍)과 같은 원류源流이며, 염계濂溪의 문인門人으로서 이정二程은 위 아래를 연결시켜 분화分化를 이루는 중견인 셈이다.

① 大程(程顥, 明道先生)은 唯心論的 氣一元論(혹은 性一元論)을 견지하고 있다. 그는 乾元一氣를 宇宙의 근원으로 보고, 만물은 모두 乾元一氣를 받아 생겨난 것이라고 하였다. 性과 仁도 모두 이 氣의 범주 내에 드는 것으로 性은 「元氣之靜」을 두고 한 말이며, 仁은 「元氣之動」을 두고 한 말이라 하였다.

程顥(伯淳, 明道先生)《三才圖會》

그의 심성론心性論에 따르면 心·性·理·氣가 합한 것이 천명天命이며, 이것은 곧 일체一體라 하였다. 그 때문에 그는 "在天爲命, 在義爲理, 在人爲性, 在身爲心, 其實一也"라 하였으며, 또 "生之謂性, 性卽氣, 氣卽性, 心性其所以有善惡, 乃由於人生所受之氣禀有偏正所致; 絶對之性, 無所謂善惡, 有善惡之別者, 乃相對之性"이라 하여 절대의 性과 상대의 性을 구별하여 살폈다. 그러므로 그의 修養論은 「識仁」을 우선으로 하여

「定性」을 本으로 삼고 있다.

또한 수양은 바로 「誠敬」에 출발점을 두고 해야 한다고 하였다. 그 때문에 그는 "學者須先識仁, ……仁者渾然與物同體, 義禮知信, 皆仁也. 識得此理, 以誠敬存之而已"라 하였다. 이로 인해 「定性」에 이르려면 智를 이용해 私를 버리고, 大公을 취해야 한다고 하였으며(廓然而大公, 物來而順應), 그렇게 되면 스스로 良知·良能의 天理를 얻게 된다는 것이다.

이의 학설은 뒤에 陸象山에게 이어져 「尊德性」의 주장을 낳게 된다.

② 小程(程頤, 伊川先生)은 理氣 二元論을 견지하여, 理氣 두 가지는 宇宙의 근원으로, 만물의 형태는 陰陽의 「氣」가 교감하여 생겨난다고 하였다. 만물의 본성은 「理」이며 이를 설명하여 "有理則有氣, 有氣則有理"라 하였다.

程頤(正叔, 伊川先生) 《三才圖會》

그의 心性論은 「本然之性」과 「氣質之性」으로 구분하는 것으로부터 시작된다. 本然之性이란 性, 혹은 理性을 말하며, 氣質之性이란 才를 두고 한 말이다. 그래서 "性出於天, 才出於氣", "性卽是理, 理則自堯舜, 至於途人一也. 才稟於氣, 氣有清濁, 稟其清者爲賢, 稟其濁者爲愚"라 하여 氣의 淸濁을 구분하였다.

그의 修養論은 「用敬」과 「集義」의 양대 강목을 세워 놓고, "敬以直內義以方外"라 풀이히였다. 用敬이란 心에 專一하는 것을 말하며, 集義란 格物·致知를 설명한다고 하였다. 이는 곧 朱子의 「道問學」의 주장으로 이어진다.

5. 南宋의 理學

一. 閩學派

한학漢學을 집대성集大成한 이가 정현鄭玄이라면, 송학宋學을 대성大成한 이는 주희朱熹라고 할 수 있다. 주희朱熹(1130~1200)는 바로 이 민학파閩學派의 영수領首로서 자字는 원회元晦, 혹은 회암晦庵, 중무仲繁이며 휘주徽州 무원인 婺源人이다. 아버지 주송朱松이 관직에서 물러나 민閩(지금의 福建)의 우계 尤溪에 살 때 주희朱熹를 낳았으므로 그의 학문을 민학閩學이라고 하며, 염濂·낙洛·관關과 함께 송학宋學 사대파四大派라 부른다. 숭안崇安에 살 때 자양서실紫陽書室을 짓고, 또 초당草堂을 건양建陽의 운곡雲谷에 지어 회암 晦庵이라 하고 스스로는 회옹晦翁이라 하였다. 만년晚年에는 건양建陽의 고정考亭에 살기도 하였으므로 자양紫陽·회암晦庵·고정선생考亭先生이라 고도 부른다.

저서로《역본의易本義》·《시집전詩集傳》·《대학중용장구大學中庸章句》· 《논어집주論語集注》·《맹자집주孟子集注》·《근사록近思錄》·《통감강목 通鑑綱目》·《이락연원록伊洛淵源錄》등이 있다. 그의 어록語錄을 모은《주자 어류朱子語類》140권은 송宋의 여정덕黎清德이 편집한 것이고, 그의 저작물 을 모아 놓은《주자전서朱子全書》66권은 청대清代 강희康熙 52년(1713)에 이광지李光地 등이 명命을 받들어 찬집撰集한 것이다.

주자朱子는 비록 이동李侗(延平先生)에게 배웠으나 그에 만족하지 않고 스스로 선진先秦 공자孔子로부터 증자曾子·자사子思·맹자孟子의 정통 사상을 근간으로 염계濂溪·횡거橫渠·이천伊川의 심성학설心性學說을 융합하여 유가儒家의 대통大統을 세웠다.

주자朱子는 이기이원론理氣二元論을 내세웠다. 그의 우주론은 우주의 근원을 태극太極으로 보고, 이 태극太極은 곧 理와 氣의 二元이 종합된 것이라 하였다. 그리하여 "萬物統於太極, 而物物各具一太極"이라 하였 으며, 태극太極은 다만 한 개의「理」자라 하였다(太極只是一個理字). 그는 또 理는 형이상학形而上學의 道요, 氣는 형이하학形而下學의 器라 하고(天地之間, 有理有氣. 理者, 形而上之道也, 生物之本也; 氣者, 形而下之器也, 生物之具也), 이 이기理氣는 서로 다르지만 그러나 서로 떨어질 수 없는 것이라 그 특징을 설명하였다(理氣雖屬二物, 而未嘗相離, 然終各一物. 大抵, 天地萬物, 以理爲本. 以其生生不已, 則皆氣爲之用).

그의 심성론心性論은 「天命之性」과 「氣質之性」으로 나누어 설명하고 있다. 천명지성天命之性은 하늘로부터 받은 것으로 태극太極의 理와 같은 것이며, 기질지성氣質之性은 氣에 들어 있는 것으로 보고 있다. 理가 지선통일至善統一한 까닭에 천명지성天命之性은 모두 善으로 인식되며, 氣는 청탁淸濁이 있기 때문에 善과 不善의 구별이 나타난다는 것이다. 그래서 《대학大學》의 명명덕明明德이란 탁수濁水에 빠진 구슬을 씻는 것과 같다고 하였다(稟氣之淸者, 爲聖爲賢. 如珠寶在淸冷水中, 稟氣之濁者, 爲愚爲不肖, 如珠在濁水中. 所謂明明德者, 是就濁水中, 揩拭此珠耳).

心·性·情·才의 구별에 대하여 그는 性은 心의 理, 情은 心의 動, 才는 心의 力이며, 欲이란 情이 흘러 넘치는 상태에 이른 것이라 하였다. 그 때문에 心이 理에서 발한 것을 「道心」, 氣에서 발한 것을 「人心」이라고 하였으며, 道心은 절대지선絶對至善한 것으로써 情과 欲에 의해 쉽게 가려진다고 하였다. 또 人心을 둘로 나누어 正에서 나타나는 것은 「天理」, 正에서 얻지 못한 것은 「人欲」이라 하여 "道心惟微, 人心惟危"라 설명하였다. 人間은 天理를 좇아 본연지성本然之性으로 돌아가기 위해 부단히 노력하면 범용凡庸한 자도 성역聖域에 들 수 있다고 하였다.

그의 수양론修養論은 「求仁」을 준칙으로 삼고 있다. 구인求仁이란 천리天理를 존립存立시키고 인욕人欲을 제거하는 것(存天理, 滅人欲)으로, 그 방법은 「居敬」과 「窮理」 두 가지라 하였다(學者工夫, 唯在居敬窮理二事, 此二事互相發明, 能窮理則居, 敬工夫日益進, 能居敬則窮理工夫日益密). 여기서 거경居敬이란 내부심성內部心性의 함양을 말하는 것으로, 정신을 집중해서 외물外物의 유혹을 뿌리치는 일(集中精神, 不被外物所引誘)이며, 이 길로 들어서는 길은

「體察」과「靜坐」두 가지가 있다고 하였다.

　다음으로 궁리窮理란 외계지식外界知識에 대한 탐구를 일컫는 것으로, 그 길로 들어서기 위해서는 역시「致知」와「力行」두 방법을 제시하고 있다. 궁리窮理의 실천은 독서를 통해 천하天下의 이치理致를 알아내는 것으로, 만일 그렇지 못하면 벽을 대하고 서 있는 것처럼 답답하다고 하였으며(爲學之道, 莫先於窮理. 窮理之要, 必在於讀書. 欲窮天下之理, 而不卽經訓史冊以求之, 則是正牆面而立爾), 그리고 역행力行은 먼저 알고 행동에 옮길 것을 주장하였다(知行常須相須, 如目無足不行, 足無目不定, 論先後, 知爲先, 論輕重, 行爲重). 여기서 말한 먼저 알고 행동에 옮기는 선지후행先知後行은 바로 왕수인王守仁(陽明)의 지행합일知行合一과 판연히 다른 대립적 개념이 되고 있다.

二. 江西學派

　강서학파江西學派의 대표인물은 육구연陸九淵(1139~1192)이다. 자字는 자정子靜, 호號는 존재存齋이며 강서江西 무주撫州의 김계인金溪人이다. 일찍이 상산象山(江西 貴溪縣)에서 강학講學하여 상산선생象山先生이라 칭하며, 그의 학문을 육학陸學이라고도 부르나, 그의 관적貫籍

陸九淵(子靜, 象山先生)《三才圖會》

이 강서江西이므로 강서학파江西學派로 널리 알려져 있다. 저서로는《상산전집象山全集》32권과《어록語錄》4권이 있다.

　상산象山의 학설은 본심本心을 들춰내어 자오자득自悟自得하는 것을 주主로 삼고 있다. 그 때문에 도道는 곧 나의 마음(道卽吾心, 吾心卽道)이므로 내 마음이 능히 바로 서 있으면 곧 천지만물의 변화에 應할 수 있다고 하였다. 이는 곧 주관적主觀的인 심일원론心一元論이라 볼 수 있다.

그의 우주론宇宙論은 理를 우주宇宙의 본체本體로 삼고 있으며, 이 理는 나의 마음에 갖추어져 있다고 하였다. 그래서 그는 "萬物森然於方寸之間, 滿心而發, 充塞宇宙, 無非是理也"라 하였으며, "宇宙便是吾心, 吾心便是宇宙", "心卽理, 理卽心", "心外無理, 理外無心"이라 하여 온 만물 속에 理가 들어 있고 이 理는 곧 心이라 하였다.

그의 심성론心性論은 인성人性을 지선至善한 것으로 보아 천명天命·기질氣質 등으로 나누지 않았고, 심성心性·정재情才의 구분도 없다. 그래서 맹자孟子의 "盡其心者, 知其性. 知其性者, 則知天矣"를 적극 긍정하고 있다.

한편 이에 따른 수양론修養論은 「明心見性」을 목표로 하여 「立大」를 그 극으로 하고 있다. 입대立大의 大는 心을 가리킨다고 한다. 그래서 변지辨志를 우선으로 지본知本을 요체로 하고 있는데, 변지辨志란 義와 利에 비유하여 인도人道를 다하는 것이요, 지본知本이란 자성자각自省自覺으로 정신을 수렴하고 스스로를 주재主宰하여 고유의 양지양능良知良能을 발휘하는 것이라 하였다.

그의 수련 방법을 보면, 만물이 모두 내 마음 속에 갖추어져 있으므로 (萬物皆備於我) 경서經書의 주석注釋에 얽매일 필요가 없어(六經皆我注脚), 독서를 주장하는 쪽보다는 돈오頓悟를 중시하였다. 이로써 간이직절簡易直截한 학풍이 싹텄으며 이에 대한 반발도 나타나게 된 것이다.

그러나 남송南宋 이학理學의 독특한 양상인 주륙朱陸의 대립對立은 이학理學을 다룰 때면 반드시 거론하게 되므로 주륙이동朱陸異同에 대해 약술해 보기로 하겠다.

순희淳熙 2년(11/5)에 여조겸呂祖謙이 주희朱熹·육구연陸九淵·육구령陸九齡 등을 신주信州의 아호사鵝湖寺에 초대하여 화해를 도모하였다. 그러나 이들의 대립은 끝내 결합되지 못한 채 결렬되었고, 그 후 편지로도 의견의 대립을 보였는데, 이를 종합해서 표로 보이면 다음과 같다.

朱陸異同

內容	朱 熹	陸九淵
主張	道問學, 主敬, 求實踐, 格物致知	尊德性, 主靜, 重領悟, 頓悟, 心卽理
陰陽	陰陽은 形而下의 器, 理는 形而上의 道	陰陽은 道
太極	無形의 理, 無極而太極	無極은 重複일 뿐이며 宇宙에는 하나의 理밖에 없음
修養法	讀書窮理	盡心頓悟
學淵	伊川(程頤)에 가까움	明道(程顥)에 가까움

三. 浙東學派

이 절동학파浙東學派는 정식 학파의 편목篇目으로 삼지 않기도 한다. 그러나 이는 양송兩宋 이학理學이 지나친 이론에만 치우쳐 쇠퇴하던 때에 약간의 변화를 보인 학파이다. 그래서 학자에 따라서는 성명론性命論에 대한 공리공담空理空談을 반대하고 경세치용經世致用의 실학實學이 싹튼 것이라고도 평가한다. 이 학파學派는 흔히 금화계金華系·영가계永嘉系·영강계永康系 등 세 계통으로 나누기도 한다.

(1) 금화계金華系

이는 여조겸呂祖謙(1137~1181)을 대표로 꼽는다. 자字는 백공伯恭, 호號는 동래東萊이며 대대로 개봉開封에 살았으나 뒤에 무주婺州, 즉 금화金華에 살았다. 이정二程의 고제자高弟子인 유초游酢와 양시楊時의 문인門人인 왕옥천汪玉川 등에게 배웠고, 주희朱熹·장식張拭(南軒) 등과

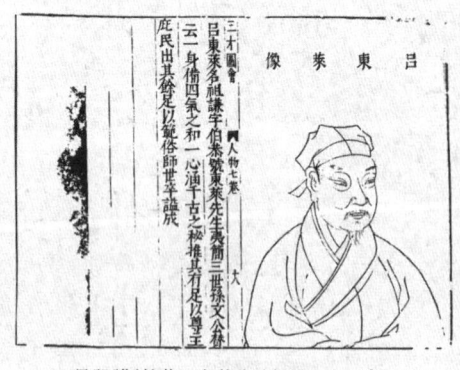

呂祖謙(伯恭, 東萊先生)《三才圖會》

친하여 건순乾淳 삼선생三先生이라 불렸다.

그의 학문은 주자朱子와 육상산陸象山의 사이에서 이들을 융합하여 어디에 얽매임이 없었다. 그래서 전조망全祖望은 "朱子以格物致知, 陸學以明心見性, 呂學則兼取其長"이라 평하였으며, 《춘추春秋》의 의리義理를 재정리한 《동래박의東萊博議》는 유명한 저술로 평가받고 있다.

(2) 영가계永嘉系

이 계통은 설계선薛季宣 (1134~1173)에게서 시작되었다. 그의 자字는 사룡士龍, 호號는 간재艮齋로 이정二程의 제자인 원개袁漑에게서 배웠다. 그는 禮·樂·農·兵을 주장하여 변질을 나타내었고, 그의 문인門人인 진부량陳傅良(1137~1207, 字는 居擧이며 號는 止齋)이 이를 이어 평실平實을 바탕으로 그 학문을 폈고 엽적葉適에 이르러 대성大成을 이루게 된다.

엽적葉適(1150~1223)은 자字가 정칙正則, 호號는 수심水心으로 영가永嘉 사람이다. 성인聖人의 말은 평실平實로 이해하도록 힘써야 하는 것이지 유심현원幽深玄遠한 것으로 보는 것은 잘못이라고 하였다. 그래서 그는 공리주의功利主義를 바탕으로 평실이행平實易行의 실천 방안을 주창하였다. 그의 저술로는 《수심문집水心文集》·《습학기언習學記言》 등이 있다.

(3) 영강계永康系

이 계통의 대표 인물은 진량 陳亮(1143~1194)이다. 자字는 동 보同甫이며 학자들은 용천선생 龍川先生이라 부른다. 절강浙江 무주婺州 영강인永康人으로 당 시 공리공담空理空談의 병폐를 비판하여 "爲士者, 恥言文章 行義, 而曰盡心知性; 居官者, 恥言政事書刊, 而曰學道愛人,

陳亮(同父)《三才圖會》

相蒙相欺, 以盡廢天下之實. 終在百事不理而已"라 하면서 공리功利와 실리實利의 학문을 주장하였다. 저서로는《용천문집龍川文集》30권이 있다.

6. 元代理學

몽고인이 중원中原을 지배하자, 한인漢人에 대한 멸시는 곧 학술의 위축이라는 결과를 낳았다. 이학理學 역시 같은 위치에 놓이게 되었고, 다만 다음 세대인 명대明代에 넘겨 줄 작은 맥을 형성하는 정도에 그치고 말았다.

① 程朱學의 맥을 이은 이로는 許衡(字는 仲平, 號는 魯齋)・劉因(字는 夢吉, 號는 靜修)・趙復(字는 仁甫, 江漢先生)・吳澄(字는 幼淸, 草廬先生) 등이며, ② 陸象山의 학통을 이어받은 이로는 趙偕(字는 子永, 號는 寶峰)・鄭玉(字는 子美, 號는 師山) 등이 있다. 許衡・劉因은 程朱學을 독실히 연구하였으며, 吳澄・鄭玉은 朱陸에 折衷하여 이 학술의 맥을 이었다.

7. 明代理學

명대明代는 다시 이학理學이 부흥한 시기이다. 초기엔 방효유方孝儒(字는 希直, 號는 希古)를 위시하여 북北의 설선薛瑄(字는 德溫, 號는 敬軒), 조서曹瑞(字는 正夫, 號는 月川)와 남南의 오여필吳與弼(字는 子傅, 號는 康齋), 그리고 그 문하門下의 호거인胡居仁(字는 叔心, 號는 敬齋), 누량婁諒(字는 元貞, 號는 一齋), 진헌장陳獻章(字는 公甫, 號는 白沙) 등이다. 이들 중 호거인胡居仁은 정주程朱를 이어받았고, 누량婁諒은 상산象山을 이어받았다. 누량婁諒은 바로 그 문하門下에 왕양명王陽明을 배출시켜 명대明代 이학理學의 대성을 이루었다.

명대明代 이학理學을 크게 백사白沙·요강姚江의 이파二派로 나누지만 실제로는 숭인학파崇仁學派(吳與弼)·백사학파白沙學派(陳獻章)·하동학파河東學派(薛瑄)·요강학파姚江學派(王守仁) 등으로 나누기도 한다. 그러나 여기서는 대표적으로 알려진 백사白沙·요강姚江 이파二派의 내용만 간단히 살피기로 한다.

一. 白沙學派

이의 대표인물은 진헌장陳獻章(1428~1500)으로 자字는 공보公甫이며 신회新會 백사리白沙里 사람이다. 그는 원래 오여필吳與弼(康齋)에게 배워 정주程朱의 학문에 깊이 들었으나, 뒤에 고향 백사白沙로 돌아와 주정명심主靜明心의 방법을 내세워 상산象山 쪽으로 기울기 시작하였다. 저서로는 《백사자집白沙子集》이 있다.

그는 상대적相對的 심일원론心一元論을 주장하여 우주론宇宙論에서 理를 우주의 근원으로 보았고, 理는 心의 體라고 여겼다(此理干涉至大, 無內外, 無終始, 無一處不到, 無一息不運, 會此則天地我立, 萬化我出, 而宇宙在我矣).

그의 심성론心性論은 역시 육상산陸象山처럼 성선性善을 주장하여, 善의 발단은 我에 있는 것이지 외부外部에서 찾을 것이 못 된다고 하였다. 또한 그의 수양론修養論은 虛靜·自然·隨處體認天理를 주로 하였다

(致虛之所以立本, ……爲學須從靜中養出個端倪來, 方有商量處).

　이러한 백사白沙의 이론은 당시의 고루한 인습을 교정하여 비록 정주
程朱의 신봉자들에게 불만을 샀으나, 결국 나중에 양명陽明의 치량지설致良
知說에 길을 열어 주게 된다. 따라서 이 백사학白沙學은 송대宋代 심학心學의
대성종결大成終結이며, 동시에 왕학개문王學開門의 전기를 마련해 준 것
으로 평가되고 있다.

二. 姚江學派

　명대明代 이학理學의 대표라 할 수 있는 왕수인王守仁(1472~1528)을 영수
領袖로 하고 있다. 그의 자字는 백안伯安이며 여요인餘姚人으로 일찍이
회계산會稽山의 양명동陽明洞에 초려草廬를 짓고 스스로 양명자陽明子라
하였다. 그래서 흔히 그를 양명陽明선생이라 부르며, 그의 학파를 요강
학파姚江學派로 일컬으며, 흔히 양명향으로 널리 알려져 있다.

　초기에는 임협任俠에 심취하고 기사騎射에 몰두하기도 하였으며, 다시
사장詞章(文學)과 신선술神仙術, 불교佛敎 등 모든 학술기예學術技藝에 두루
빠져 여러 가지 체험과 방황을 겪었다. 34세에 이르러서야 비로소
백사白沙의 제자 담약수湛若水를 알게 되어 이학理學에 입문入門하였고,
35세엔 환관 유근劉瑾의 참소로 귀주貴州 용장역龍場驛에 귀양도 체험하게
되었다. 그는 그곳 야만지에서 동심인성動心忍性하여 밤에 홀연히 성인
聖人의 도道는 외물外物에서 구할 것이 아니라는 도리를 터득하였다고
한다. 저서로는《왕문성공전서王文成公全書》가 있고, 그의 문인門人들이
집록輯錄한《전습록傳習錄》 등이 있다.

　그는 멀리는 육상산陸象山의 영오領悟와 선종禪宗의 교리敎理와, 가까이는
백사白沙의 허정虛靜을 결합시켜 「심즉리心卽理」・「치양지致良知」・「지행
합일知行合一」의 세 가지 설說을 창도해 내었고, 이기론理氣論으로 절대적
絶對的 심일원론心一元論을 주장하였다. 그의 세 가지 이론 중에 「심즉리心卽理」

는 곧 본체론本體論이며,「치양지致良知」는 심성론心性論이며,「지행합일知行合一」은 수양론修養論에 해당한다.

양명陽明의 학설은 명대明代에 매우 성행하여 그 유파流派도 상당히 넓다. 황리주黃梨洲의 《명유학안明儒學案》에 의하면 절동浙東·강우江右·초중楚中·북방北方·월민粵閩·태주泰州의 칠류파七流派로 나누었는데 그 중에 절동학파浙東學派의 서애徐愛(字는 曰仁, 號는 橫山)·왕기王畿(字는 汝中, 號는 龍溪)와 강우학파江右學派의 추수익鄒守益(字는 謙之, 號는 東廓) 그리고 태주학파泰州學派의 왕간王艮(字는 汝止, 號는 心齋) 등이 가장 유명하다.

8. 清代理學

청대淸代에는 이학理學을 송학宋學이라고 불렀다. 이는 청대淸代에 와서 경학연구가經學研究家들이 고증학考證學 가운데 한대漢代를 바탕으로 훈고적訓詁的 방법론方法論을 채택한 경우는 특히 한학漢學이라고 칭하고, 송대宋代의 의리중심義理中心의 연구 태도는 송학宋學이라고 한 데서 비롯된다.

청초淸初 송학宋學의 대표 인물로는 황종희黃宗羲(字는 太沖, 號는 梨洲 혹은 南雷)·고염무顧炎武(字는 寧人, 號는 亭林) 두 사람을 들 수 있다. 그 외에 손기봉孫奇逢(字는 啓太, 號는 夏峰)·이옹李顒(字는 中孚, 號는 二曲)·육세의陸世儀(字는 道威, 號는 桴亭)·탕빈湯斌(字는 孔伯, 號는 潛庵)·안원顔元(字는 易直, 號는 習齋)·이공李塨(字는 剛主, 號는 恕谷) 등이 있다.

이들은 모두 어떤 한 파에 얽매이지 않고 폭넓게 섭렵하여 종합적으로 다루었다. 그 중에 이주梨洲와 이곡二曲은 육왕陸王에 가까웠고, 부정桴亭과 정림亭林은 정주程朱에 가까웠으며, 하봉夏峰과 잠암潛庵은 주륙朱陸을 겸비하였다고 하나 커다란 발전을 가져오지는 못 하였다. 뒤에 습재習齋·서곡恕谷 등에 의해 실용實用의 길이 주장되어 마치 남송南宋 말末의 절동학파浙東學派와 같은 학풍을 드러내었다.

건륭乾隆, 가경嘉慶 이후에는 혜동惠棟·강영江永·대진戴震 등에 의해 징실학徵實學의 권위가 크게 높아지자, 결국 이학理學은 쇠퇴의 길로 들어서고 말았다.

(이상 拙著《中國學術槪論》에서 일부 정리하여 전재함)

IV. 四書諺解

1. 四書의 諺解過程

　　사서四書는 조선朝鮮 세종世宗 때에 이미 〈경서음해經書音解〉가 이루어
지기 시작하였다. 《필원잡기筆苑雜記》(徐居正) 권1에 "世宗天性好學,
其未出閤, 每讀書必百遍, ……晚年倦勤不視朝, 然於文學之事, 尤所軫慮,
命儒臣, 分局撰次諸書, 曰高麗史, 曰治平要覽, 曰兵要, 曰諺文, 曰韻書,
曰五禮儀, 曰四書五經音解, 同時撰修, 皆經睿裁成書. 一日御覽可數十卷,
其可謂天行健純亦不已也"라 하였으며, 《문헌비고文獻備考》(권245) 15장
에도 "經書音解, 世宗朝命儒臣設局撰次以便句讀"라 하였다. 그리고 선조
宣祖 18년(1585)에 교정청校正廳에서 소위 〈칠서언해七書諺解〉의 교정과
언해를 끝냈음을 《선조실록宣祖實錄》 21년 10월조에서 밝히고 있다.
그러나 역대로 원문(본문)만 언해하였으며, 집주는 언급하지 않았다.
특히 音注 부분은 언해를 하지 않았다.

2. 陶山本

지금 도산서원陶山書院에 선조宣祖 23년(1587)의 간기刊記를 가진 경진자본 庚辰字本 〈사서언해四書諺解〉가 소장되어 있다. 여기서 도산본陶山本이라 함은 퇴계退溪 이황李滉이 언해諺解한 것이 아니라 도산서원陶山書院에 소장所藏된 교정청校正廳 〈사서언해四書諺解〉를 가리킨다. 이는 1976년 대제각大提閣에서 영인 출간되었다.

3. 栗谷本

〈율곡사서언해栗谷四書諺解〉는 선조 9년(1576)에 이이李珥가 왕명으로 대학大學(1권), 중용中庸(1권), 논어論語(4권), 맹자孟子(7권)를 언해한 것으로 지금도 전하고 있다. 이는 선조 7년 미암眉巖 유희춘柳希春이 왕명으로 사서四書와 오경五經을 구결과 언해를 붙여 편찬하려다가 9년에 율곡栗谷에게 이 일을 맡길 것을 상소하여, 우선 사서四書만을 언해한 것이다. 지금 전하는 것은 영조英祖 25년(1749) 홍계희洪啓禧가 그 등본謄本을 율곡의 후손과 문생門生을 통해 구하여 간행한 것이며, 성균관대학교成均館大學校 양현재養賢齋에서 1966년에 영인 간행하였다. 말미에 홍계희洪啓禧의 "諺解跋文"이 실려 있다.

(부) 栗谷先生諺解跋文⋯⋯⋯⋯⋯⋯ 洪啓禧

〈四書栗谷先生諺解跋〉

右四書諺解栗谷先生之所詳定也. 經書之有諺解, 厥惟久矣, 而諸家互有同異. 至退溪李先生合成釋義, 而乃定猶未大備. 萬曆丙子 宣廟因眉巖柳公希春言, 命先生詳定四書五經諺解, 先是先生有所定大學吐釋及承命中庸語孟, 以次續成而未及, 於經不果進御, 士林恨之, 卽今見行官本諺解, 蓋出於其後, 而又裵經竄易先生所定, 或有採入而元本則不行焉. 惟一二謄本在先生後孫及門生家, 中庸則手筆猶存. 今攷諸編凡例不無抵捂或有有釋而無吐, 恐當時有未及整頓而然也. 然一吐一釋之間旨義精確, 其於開發後學類, 非官本之所可及. 沙溪金先生, 平日訓誨常據此解, 畸翁鄭公輒稱精密, 歎不得廣布. 南溪朴文純公略有修整, 欲刊行而未能, 頃年陶菴李先生使先生後孫鎭五, 倣官本淨寫一袟. 啓禧亦嘗與聞於雙校之事. 戊辰冬鎭五自石潭哭李先生於泉上, 仍訪余曰:「此書之宜傳久矣. 迄今未就, 李先生嘗惓惓於斯而今焉已矣. 其卒不傳乎?」余爲之感歎, 謀以私力得芸館活字印若干, 本役旣訖, 略書顚末于下方云.

崇禎三己巳春 後學 南陽洪啓禧 謹識.

4. 內閣藏本經書刊記

이 내각본內閣本은 영조英祖 임진壬辰년(1772)에 갑인자甲寅字로 원문原文을 출간하였으며, 5년 후(1777)에 내각內閣에서 전체를 간행한 것으로 1965년 성균관대학교成均館大學校 대동문화연구소大東文化硏究所에서 〈경서經書〉라는 표제로 영인 출판하여 널리 보급되었다. 말미에 간기가 실려 있다.

〈內閣藏本 經書(大學·論語·孟子·中庸)刊記〉

國朝屢鑄銅字而世宗朝甲寅所鑄集其大成, 歲久寢刓矣. 英宗朝壬辰我殿下在春邸, 以甲寅字爲本, 使芸閣鑄十五萬字藏之. 是爲壬辰字. 卽位之元年, 復以甲寅字本, 鑄十五萬字于關西, 藏于內閣, 是爲丁酉字, 內外各所藏凡三十萬字.

V. 四書 音注

《사서집주四書集注》는 남송南宋 주희朱熹가 춘추전국시대부터 자신이 생존해 있던 당시까지의 사서四書에 대한 여러 사람의 주석을 집대성하여 집록集錄하고 자신의 의견을 덧붙인 것이다. 그래서 책이름을 《사서집주四書集注》라 한 것이다. 한편 이를 다시 章과 句로 나누어 《논어論語》 499장, 《맹자孟子》 260장, 《중용中庸》 33장, 《대학大學》 12장 등 모두 804장으로 하였으며, 每句 다음에 集注가 있을 경우 그 해당 句 다음에 注를 넣어 풀이하는 체제를 택하고 있다. 이 때문에 흔히 《모모장구某某章句》라고 부르기도 한다.

한편 集注의 체제는 다시 그 句 안에서 읽기 어려운 글자나 음이 다른 것, 주의해야 할 글자들을 일일이 먼저 주석하였다. 이를 음주音注라 부른다. 그리고 다음에 圓圈(동그라미○)을 넣어 각 학자의 주석을 병기하고 나서 주자 자신의 의견이 있을 경우, "愚以爲…" 등의 표현을 써서 덧붙였다.

《論語》 學而篇 제1장의 경우 ㊀說, 悅同. ㊁樂, 音洛. ㊂慍, 紆問反은 바로 음주이다.

《사서집주》 音注 부분은 대체로 다음의 3가지로 분류할 수 있다.

1. 直音法

이는 일대일 대응의 음주방법이다. 「沛, 音貝」의 형식으로 되어 있다.

특히 인명 진항陳亢의 경우 항은 「亢音剛」이라 하여 '강'으로 읽어야 하며, 「我獨亡」의 '亡'은 '무'로 읽어야 하는 것 등이다. 이에 대하여는 본인이 이미 〈四書集注 音注 研究〉 - 直音式 表音 方法을 중심으로-라는 논문(中國語文學論集. 제19호. 2002. 2.)을 통하여 밝혔다.

2. 反切法

　이는 중국 특유의 반절법으로 그 음을 표시한 것이다. 이를테면 「造, 七到反」이라 하여 ‘造’자의 음이 ‘조’가 아니라 ‘초’임을 밝힌 것이다. 즉 반절反切로 「七到反」이란 첫소리 칠七의 「ㅊ—」과 도到의 「ㅗ」를 결합하여 ‘초’라는 음을 재구해 내는 방법이다. 이 부분은 논문을 작성하고 있으며 상당한 정확성과 타당성을 검증받고 있다.

　《논어》071(4-5)의 원문을 보자.

　子曰:「富與貴, 是人之所欲也; 不以其道得之, 不處也. 貧與賤, 是人之所惡也; 不以其道得之, 不去也. 君子去仁, 惡乎成名? 君子無終食之間違仁, 造次必於是, 顚沛必於是.」

　윗글에서 『造次』는 흔히 “잠깐 사이라도. 아주 급한 순간”의 뜻으로 해석하여 언해에서는 그대로 “조츠”로 적고 있다. 그러나 한자는 뜻글자이다. 그렇다면 “造: 짓다. 次: 차례, 순서”의 뜻이다. 이를 묶어 “차례를 짓다”로 풀이한다면 그것이 어찌 “잠깐 사이, 아주 짧은 순간”의 뜻이 되겠는가? 결론적으로 말해 이는 글자의 원의原義와는 전혀 무관한 음운어音韻語이다.

　음운어라면 음운적 특성만을 나타내는 조건이 충족되어야 한다. 즉 쌍성연면어雙聲連綿語의 상화어이다. 쌍성이란 한어(중국어) 음절을 이분법二分法으로 나누어 “성이 서로 같은 두 음절이 모여 하나의 의미를 이루는”(Two syllables—One mean) 음운 체계이다. 이는 한어만이 갖는 특성 중의 하나이다. 따라서 『造』와 『次』는 같은 聲이어야 한다. 그런데 우리 음이나 중국음에 이를 읽으면 쌍성이 되지 않는다. 즉 우리 음으로 『조: 차』는 『ㅈ—ㅊ』가 된다. 중국음도 역시 『造(zào)』, 『次(cì)』로 읽어 『z—c』가 된다. 음운어로써의 기능을 충족시키지 못하는 것이다.

　이에 주희는 이 연면어에서 『造』의 음이 『조』가 아님을 밝혔다. 반절식으로 『七到反』이라 하였다. 여기서 『七』은 첫음 『ㅊ—』만 사용하고

『到』는『ㄷ』을 제외한『ㅗ』만 사용하여『초』라는 음이 나오도록 하는 표음법을 반절식이라 한다. 이렇게 되면 조차는 음이『초차』가 되어 聲이『ㅊ-ㅊ』이 되어 쌍성이 되며 음운어임이 분명해진다.

이 반절법反切法에 관한 학술적 이론은 본인의 〈四書集註 反切音 研究〉 (東方學志. 125집. 2004. 4)를 참고하기 바란다.

3. 聲調辨別法

이는 글자의 성조를 밝힘으로써 그 글자가 가진 뜻을 변별해 주는 것이다. 이를테면 「惡」이라는 글자는 성조가 다름으로 인하여 의미도 달라진다. 즉 3가지 성조가 있으며 당연히 성조에 따라 의미는 전혀 달라 이를 구분해 주지 않으면 안 된다.

즉 우리 음으로도 '악惡'이라 읽을 때는 입성入聲으로써 "악하다"라는 뜻으로 '선악善惡'의 어휘가 그 예이다. 그러나 이를 오惡라고 읽을 때에는 거성去聲으로써 "미워하다"라는 뜻이 되며 호오好惡·혐오嫌惡 등이 그 예이다. 다음으로 이를 평성平聲으로 읽을 때에는 의문부사 "어찌 ~하리오?"의 뜻이 된다. 즉 《논어論語》이인편里仁篇의 "君子去仁, 惡乎成名?"에서의 오惡가 그 예로서 당연히 이 문장은 "군자가 인을 버리고서 어찌 이름을 이루겠는가?"라는 뜻이 된다.

《論語》陽貨篇을 예로 들어 보자.

458(17-24) 子貢曰「君子亦有惡乎?」子曰「有惡: 惡稱人之惡者, 惡居下流而訕上者, 惡勇而無禮者, 惡果敢而窒者.」㊀ 曰「賜也亦有惡乎?」「惡徼以爲知者, 惡不孫以爲勇者, 惡訐以爲直者.」㊁

여기에서 ①의 집주 "惡, 去聲, 下同. 惟『惡者』之惡如字. 訕, 所諫反"과 ②의 집주 "徼, 古堯反. 知·孫, 並去聲. 訐, 居謁反"은 音註이다.

이는 『惡』은 거성去聲으로 읽어 '악'이 아니라 음이 '오'이며, 이는 "미워하다"의 뜻임을 밝힌 것이다. 그러나 『惡者』의 惡은 원래대로 '악'으로 읽어, 뜻이 "익힘"을 나타낸다. 다음으로 '訕'은 벽자僻字로써 읽기도 어렵고 형성자形聲字의 성부聲符가 '山'이어서 잘못 읽을 가능성도 있다. 이에 반절反切로 「所諫反」(산)으로 읽도록 주석한 것이다. 그 아래 단락의 「徼」역시 「古堯反」(교)로 읽을 것이며(〈諺解〉에는 '요'로 읽었음), 「知」와 「孫」은 원래의 "알다"(동사)나 "손자, 후손"의 뜻이 아니라 "지혜"

(智, 명사), "겸손하다"(遜)의 통가자通假字임을 밝힌 것이다. 이는 한어漢語 변별요소辨別要素인 성조聲調(去聲)로 표시한 것이다. 그리고,「訏」역시 형성자形聲字의 독음讀音오류를 피하기 위하여「居謁反」(갈)로 읽도록 주석한 것이다. 그럼에도 〈언해諺解〉에는 이를 「알」로 읽었다.

이상 성조聲調에 관한 것은 본인의 논문 〈四書集註 聲調辨別式 音註 研究〉(中國語文學論集. 26호, 2004. 2)를 참고하기 바란다.

이상으로 보아《사서》를 정확히 이해하기 위해서는 글자마다 주석한 이 음주를 소홀히 할 수 없음이 자명하여졌다. 이에 본 연구는 이제껏 수백년 읽혀 온《사서》를 음운적으로 완성하는 절대적으로 필요한 작업이라 볼 수 있다.

VI. 集注 人名

❋ 이하는 《사서집주》에 거론된 인명들에 대한 간단한 약전略傳이다.

(1) 공안국(孔安國 ⇒孔氏): 생졸미상.

서한西漢 때의 경학자經學者. 노魯(지금의 山東省 曲阜)출신으로 공자의 후예이며, 《시詩》와 《상서尙書》에 뛰어난 주석을 남김. 한漢 무제武帝 때 박사博士가 되었으며 간대부諫大夫, 임회태수臨淮太守 등을 지냄. 《한서漢書》 유림전儒林傳과 《한서漢書》 예문지藝文志 참조.

(2) 마융(馬融 ⇒馬氏): 79~166.

자는 계장季長, 동한東漢 때의 경학자. 부풍扶風 무릉茂陵(지금의 陝西省 興平縣)출신. 안제安帝 때 교서낭중校書郞中, 동관전교비서東觀典校秘書 등을 지냄. 환제桓帝 때는 남군태수南郡太守를 역임함. 그의 문하에서 노식盧植・정현鄭玄 등이 배출됨. 저술로는 《삼전이동설三傳異同說》이 있으며 《효경孝經》・《논어論語》・《시詩》・《역易》・《삼례三禮》・《상서尙書》・《열녀전列女傳》・《노자老子》・《회남자淮南子》・《이소離騷》 등의 주를 남김. 《후한서後漢書》 권 90에 전傳이 있음.

(3) 범조우(范祖禹 ⇒范氏):

자는 순부淳夫, 성도成都 출신. 기타 자세한 사적은 미상.

(4) 사량좌(謝良佐 ⇒謝氏): 1050~1103.

북송北宋의 이학가理學家. 자는 현도顯道. 수춘壽春 상채上蔡(지금의 河南省 上蔡) 출신. 「上蔡先生」이라 불림. 元豊 年間에 진사에 올랐으며, 유초游酢・양시楊時・여대림呂大臨과 함께 정문사대제자程門四大弟子로서 정이程頤가

매우 아껴「力學, 切問而近思者也」라고 칭찬했으며, 후세 학자들도「程門高弟子, 竊以上蔡爲第一」이라 하였음. 저서로《상채어록上蔡語錄》3권이 있으며, 이는 증괄曾括·호안국胡安國이 집록한 것으로 소흥紹興 20년(1159)에 완성되었으나, 뒤에 주희朱熹가 산정刪定하였음. 그의 철학사상은 이정二程의 뒤를 이어 주희의「窮理說」과 육구연陸九淵의「心卽理說」의 선하先河가 됨. 송원학안宋元學案에「上蔡學案」으로 올라 있음.

(5) 소식(蘇軾 ⇒蘇氏): 1037~1101.

북송北宋의 문학가, 예술가, 사상가. 자는 자첨子瞻, 호는 동파거사東坡居士. 시호는 문충文忠. 미주眉州 미산眉山 (지금의 四川)출신. 아버지 소순蘇洵, 동생 소철蘇轍과 함께「三蘇」라 불림.《동파집東坡集》112권과《중용론中庸論》·《논어설論語說》·《서전書傳》·《역전易傳》등의 저술을 남김.

蘇軾(子瞻, 東坡居士)《三才圖會》

(6) 양시(楊時 ⇒楊氏): 1053~1135.

북송北宋의 이학가. 자는 중립中立, 호는 구산龜山, 남검南劍 장락將樂(지금의 福建省 將樂, 혹 延平人이라고도 함) 출신. 정문사대가程門四大家의 하나, 구산선생龜山先生으로 불림. 이정二程의 학문이 양시楊時, 나종언羅從彦, 이동李侗을 거쳐 주희朱熹에게로 이어졌으며, 이학理學이 중국의 남부로 이전되는 중요

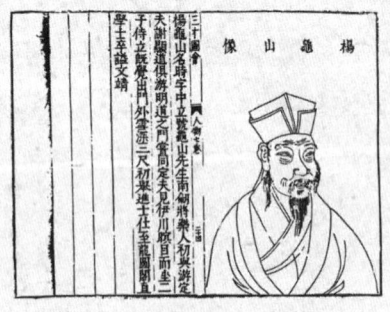

楊時(中立, 龜山先生)《三才圖會》

한 역할을 함.《구산집龜山集》42권과《이정수언二程粹言》2권을 남김.

(7) 양웅(揚雄): B.C.53~A.D.18.

서한西漢말의 문학가, 철학가, 고문
경학가古文經學家. 자는 자운子雲. 촉군
蜀郡 성도成都사람. 《한서漢書》87에
전이 있음. 《주역周易》을 모방하여
《태현경太玄經》을, 《논어論語》를 모
방하여 《법언法言》을 지었음. 청清나
라 엄가균嚴可均의 《전한문全漢文》에
그의 저작著作을 집일한 것이 수록
되어 있음.

揚雄(子雲)《三才圖會》

(8) 여대림(呂大臨 ⇒呂氏): 1040~1092.

북송北宋의 이학가理學家, 금석학자金石學者. 자는 여숙與叔, 남전藍田(지금의
陝西省 藍田) 출신. 여대방呂大防의 아우로 과거에 응하지 않고 공부에만
전념함. 정문사대가程門四大家의 하나. 육경六經에 밝았으며 특히 《예禮》에
뛰어났다고 함. 《극기명克己銘》을 지었고, 유명한 금석학 저술인 《고고도
考古圖》를 펴냄. 그외에 《예기전禮記傳》을 남김.

(9) 오역(吳棫 ⇒吳氏): 약 1100~1154.

자는 노재老才, 건안인建安人. 남송南宋 초의 인물로 〈서비전書裨傳〉을
지어 매이梅頤의 《고문상서古文尚書》가 위조임을 밝혔음.

(10) 왕안석(王安石 ⇒王氏): 1021~1086.

북송北宋의 정치가, 문학가, 사상가. 자는 개보介甫, 호는 반산노인半山老人.
강서江西 임천인臨川人으로 임천선생臨川先生이라 칭함. 죽은 후에 형국공
荊國公에 봉해져 형공荊公으로도 불림. 시호는 문文. 저술로는 《역의易義》·

《회남잡설淮南雜說》·《홍범전洪範傳》·《주관신의周官新義》·《논어해論語解》·
《맹자해孟子解》·《자설字說》·《노자주老子注》·《능엄경소해楞嚴經疏解》 등이
있으며 《임천집臨川集》 100권이 전함.

(11) 유면지(劉勉之 ⇒劉聘君):

자는 치중致仲, 호는 초당草堂, 건안인建安人. 주희朱熹의 부옹婦翁(丈人).
빙군聘君은 장인이라는 뜻.

(12) 유안세(劉安世 ⇒劉忠定公):

자는 기지器之, 시호는 충정忠定, 대명부大命府 원성인元城人.

(13) 유창(劉敞 ⇒劉侍讀): 1019~1068.

북송北宋의 경학가. 자는 원문原文. 임강신유臨江新喩(지금의 江西省 新餘)출신
이며 학자들은 공시선생公是先生이라 부름. 일찍이 태자시독太子侍讀을
지냄. 《춘추春秋》에 밝아 저술로는 《춘추권형春秋權衡》·《춘추문형春秋
文衡》·《춘추전春秋傳》·《춘추전설례春秋傳說例》·《춘추의림春秋意林》 등
40권을 남김. 그외에 《칠경소전七經小傳》 5권, 《제자기弟子記》 4권 등이
있음.

(14) 유초(游酢 ⇒游氏): 1050~1123.

자는 정부定夫, 건안인建安人. 정문사대제자程門四大弟子의 하나로 양시
楊時·사량좌謝良佐·여대림呂大臨·윤돈尹焞 등과 함께 낙학洛學(程顥, 程頤)을
계승한 인물. 그 중 양시楊時 일파가 중국 동남쪽으로 이를 전파하여
나종언羅從彦·이동李侗을 거쳐 민학閩學(朱熹)에 이르러 대성을 이룸.

(15) 육덕명(陸德明 ⇒陸氏): 약 550~630.

당唐나라 때의 경학가經學家, 음운학자音韻學者. 이름은 원랑元郞, 덕명德明은 그의 자字. 소주蘇州 오吳(지금의 江蘇省 吳縣)출신.《경전석문經典釋文》30권을 지어《주역周易》·《고문상서古文尚書》·《모시毛詩》·《삼례三禮》·《삼전三傳》·《효경孝經》·《논어論語》·《노자老子》·《장자莊子》·《이아爾雅》 등을 주석함.

(16) 윤돈(尹焞 ⇒尹氏): 1071~1142.

북송北宋의 이학가. 자는 언명彥明, 혹은 덕충德充, 호는 화정和靖. 낙양洛陽(지금의 河南省 洛陽)출신. 정이程頤의 문하생으로《논어論語》와《맹자孟子》의 연구에 뛰어났었음. 저술로는《논어맹자해論語孟子解》·《화정집和靖集》이 있음.

(17) 이동(李侗 ⇒夫子): 1093~1163.

주희朱熹의 스승이어서 부자夫子라고 칭한 것. 남송南宋의 이학가. 자는 원중愿中. 남검주南劍州 검포劍浦(지금의 福建省 南平)출신. 평생 벼슬하지 않았으며, 연평선생延平先生으로 불림. 나종언羅從彥에게 배워 정이程頤의 삼전제자三傳弟子가 되었으며, 주희朱熹는 바로 그의 문하에서 공부하였음. 뒤에 주희가 그의 어록語錄을 모아 편집한《연평답문延平答問》이 있음.

(18) 이욱(李郁 ⇒李氏):

자는 광조光祖, 소무인昭武人.

(19) 장식(張栻 ⇒張敬夫): 1133~1180.

남송南宋의 이학가理學家. 자는 경부敬夫, 혹은 낙재樂齋, 호는 남헌南軒.

한주漢州 금죽錦竹(지금의 四川省 廣漢縣)
출신. 승상 장준張浚의 아들로 호굉
胡宏을 스승으로 정씨학程氏學을 배
움.《송원학안宋元學案》에《남헌학안
南軒學案》으로 올라 있음. 저술로는
《논어해論語解》·《맹자설孟子說》·
《태극도설太極圖說》·《수사언인洙泗
言仁》·《제갈충무후전諸葛忠武侯傳》·

張栻(敬夫, 南軒先生)《三才圖會》

《경세편년經世編年》등이 있으며 시문詩文을 모은《남헌집南軒集》44권이
《사고전서四庫全書》에 들어 있음.

⑳ 장재(張載 ⇒張子): 1020~1077.

북송北宋의 철학자. 관학파關學派
의 창시자로 이학理學의 기본 이론을
정립한 인물. 자는 자후子厚, 아버지
장적張迪을 따라 봉상鳳翔 미현眉縣 횡
거진橫渠鎭(지금의 陝省西 眉縣)에 살아
횡거선생橫渠先生이라 불림. 그의 제자
들이 거의 관중인關中人이 많아 관학
파關學派라 불림. 저작으로는《역설

張載(子厚, 橫渠先生)《三才圖會》

易說》·《정몽正蒙》·《문집文集》·《경학리굴經學理窟》·《어록語錄》등이 있
으며, 주희朱熹의《근사록近思錄》과 조공무晁公武의《군재독서지郡齋讀書志》
에 의하면 그밖에도《예악설禮樂說》·《논어설論語說》·《맹자설孟子說》·
《춘추설春秋說》등이 있었다 함. 명明 가정嘉靖 5년(1526)에 여남呂柟이
편집한《장자초석張子抄釋》과 만력萬曆 연간에 심자창沈自彰이 편한《장자
전서張子全書》가 있음.

(21) 정이(程頤 ⇒程子): 1033~1107.

북송北宋의 이학가. 낙학파洛學派
의 창시자. 자는 정숙正叔, 하남河南
낙양인洛陽人. 이천선생伊川先生이라
불리며 그의 형 정호程顥와 함께 이정
二程으로 칭해짐. 시호는 정공正公,
이양백伊陽伯에 봉해짐. 14세에 주돈이
周敦頤에게 학문을 배워《맹자孟子》에
심취했으며, 주요 저술로는《주역정

程頤(正叔, 伊川先生)《三才圖會》

씨전周易程氏傳(伊川易傳)》 4권·《하남정씨유서河南程氏遺書》·《하남정씨
외서河南程氏外書》·《하남정씨수언河南程氏粹言》과《하남정씨문집河南程氏
文集》8권·《하남정씨경설河南程氏經說》8권이 있으며 이를 모두 묶어《이정
전서二程全書》에 수록한 것이 1981년 중화서국中華書局에서 표점본으로
출간됨.

(22) 정호(程顥 ⇒程子): 1032~1085.

북송北宋의 이학가. 자는 백순伯淳,
하남 낙양인으로 정이程頤의 형. 명도
선생明道先生으로 불림. 그의 아우와
함께 송대宋代 이학理學의 사대학파四大
學派(濂學, 洛學, 關學, 閩學)중의 낙학의
창시자. 이정二程의 학술은 뒤에 주
자학(민학)으로 정통이 이어짐. 주요
저술로는《하남정씨문집河南程氏文集》

程顥(伯淳, 明道先生)《三才圖會》

4권·《하남정씨유서河南程氏遺書》 4권·《명도선생개정대학明道先生改正
大學》 등이 있으며, 정이程頤와 함께 이정전서二程全書에 수록됨.

(23) 조공무(晁公武 ⇒晁氏):

생졸은 미상(약 1102~1187). 남송의 장서가藏書家, 목록학자目錄學者. 자는 자지子止, 개봉開封 소덕昭德에 살아 소덕선생昭德先生이라 불림. 이만사천 二萬四千여 권의 책을 교정하여 소흥紹興 21년(1151)에 유명한 목록서인 《군재독서지郡齋讀書志》를 저술함.

(24) 조광(趙匡 ⇒趙伯循):

당唐나라 때의 경학가經學家. 자는 백순伯循, 하동인河東人. 《춘추집전 찬례春秋集傳纂例》를 쓴 육순陸淳의 스승으로 알려짐. 기타 자세한 사적은 알 수 없음.

(25) 조설지(晁說之 ⇒晁氏): 1059~1129.

북송北宋의 경학가. 자는 이도以道, 혹은 백이부伯以父, 호는 경우선생 景迂先生. 단주澶州(지금의 河南省 濮陽, 혹은 淸豐人이라고도 함)출신. 사마광司馬光이 매우 아끼던 문하생. 많은 저술을 남겼으나 지금은 《역현성기보易玄星紀譜》· 《역규易規》·《중용전中庸傳》등이 《경우문집景迂文集》에 남아 있음.

(26) 주돈이(周敦頤 ⇒周茂叔): 1017~1073.

북송北宋의 철학가. 염학파濂學派의 대표인물. 송대宋代 이학理學의 기초를 다진 인물로 자는 무숙茂叔, 원명은 돈실敦實, 송宋 영종英宗의 옛이름을 피휘하여 돈이敦頤로 고침. 여산廬山 산록에 염계서당濂溪書堂을 짓고 살 아 염계선생濂溪先生이라 불림. 시호 는 원공元公. 도주道州 영도營道(지금의

周敦頤(茂叔, 濂溪先生) 《三才圖會》

湖南省 道縣)출신으로 어려서 아버지를 잃고 어머니에 의해 길러짐. 유명한 《태극도설太極圖說》과 《통서通書》가 있으며 그의 저술과 후인의 평을 모두 모은 《주자전서周子全書》가 있음.

(27) 주부선(周孚先 ⇒周氏):

자는 백침伯忱, 비릉인毗陵人.

(28) 증기(曾幾 ⇒曾氏):

자는 길보吉甫, 하남인河南人.

(29) 증삼(曾參 ⇒曾子): B.C.505~B.C.432?.

공자 만년의 제자. 춘추말기 노魯나라 무성武城(지금의 山東省 平邑縣) 사람으로 자는 자여子輿. 증점曾點(曾晳)의 아들이며, 효로 이름이 높았음.

(30) 하안(何晏 ⇒何氏): 190~249.

삼국시대三國時代 학자이며 철학가. 자는 평숙平叔, 노장老莊에 밝았으며 하후현夏侯玄, 왕필王弼 등과 현학玄學을 창도하여 위진魏晉 청담淸談의 선구가 됨. 저술로는 〈도덕론道德論〉·〈무위론無爲論〉 등이 있으며, 《논어집해論語集解》가 전함. 《삼국지三國志》 권9에 傳이 있음.

(31) 허신(許愼 ⇒許氏): 약 58~약 147.

동한東漢의 문자학자文字學者, 경학사經學者. 자는 숙중叔重, 여남소릉汝南召陵(지금의 河南省 郾城縣)출신으로 경학經學에 밝아 「五經無雙許叔重五經無雙許叔重」이라 칭해짐. 《오경이의五經異義》를 지었으나 지금은 전하지 않으며 유명한 《설문해자說文解字》 15권이 전함. 《후한서後漢書》 유림전儒林傳에 전이 있음.

(32) 형병(邢昺 ⇒邢氏): 932~1010.

북송北宋의 경학자. 자는 숙명叔明, 조주曹州 제음濟陰(지금의 山東省 曹州縣)
출신. 태평흥국太平興國(976~983) 때 급제하여 대리평사代理評事 등을 역임함.
그 뒤 상서박사尙書博士, 국자박사國子博士가 되어 《효경孝經》·《논어論語》·
《예기禮記》·《서書》·《주역周易》·《시詩》·《좌전左傳》 등을 태종太宗의
왕자들에게 강의함. 《주례周禮》·《의례儀禮》·《공양곡량춘추전公羊穀梁
春秋傳》·《효경孝經》·《논어論語》·《이아爾雅》 등을 교정함.

(33) 호안국(胡安國 ⇒胡氏): 1074~1138.

호굉胡宏(1106~1162)의 아버지이며 건녕숭안建寧崇安(지금의 福建省 崇安)
출신. 《주례周禮》에 대단히 밝았으며 《춘추전春秋傳》30권을 남김.

(34) 호인(胡寅 ⇒胡氏):

자는 명중明仲, 호는 치당致堂, 건안인建安人.

(35) 홍흥조(洪興祖 ⇒洪氏):

자는 경선慶善, 단양인丹陽人.

(36) 황조순(黃祖舜 ⇒黃氏):

자는 계도繼道. 삼선인三仙人. 구체적인 사적은 알 수 없음.

(37) 후중량(侯仲良 ⇒侯氏):

자는 사성師聖, 하동인河東人. 양시楊時 등과 동시대 인물로 호굉胡宏의
스승이며 상호학통湘湖學統을 이은 인물.

● 참고 문헌

1. 《四書集註》國立臺灣師範大學國文學系 四書教學研討會 學海出版社 1988 臺灣
2. 《四書集註》四部刊要本 經部 四書類 漢京文化事業有限公司 影印本 1981 臺灣
3. 《四書全譯》劉俊田, 林松, 禹克坤 貴州人民出版社 1992 貴陽
4. 《論語今註今譯》毛子水 臺灣商務印書館 1984 臺灣
5. 《新譯新註四書讀本》賴明德(外) 黎明文化事業公司 1987 臺北
6. 《四書人物》仇德哉 臺灣商務印書館 1986 臺北
7. 《四書讀本》徐伯起 綜合出版社 1969 臺北
8. 《四書讀本》陳基政 新世紀出版社 1978 臺南
9. 《論語注疏》魏 何晏(등)集解, 宋 邢昺(疏) 十三經注疏本 藝文印書館 影印本 1978 臺北
10. 《論語正義》清 劉寶楠・劉恭冕 撰 新編諸子集成本 世界書局 1967 臺北
11. 《論語稽求篇》清 毛奇齡 皇清經解本
12. 《鄕黨圖考》清 江永 皇清經解本
13. 《論語偶記》清 方觀旭 皇清經解本
14. 《論語補疏》清 焦循 皇清經解本
15. 《論語注疏校勘記》清 阮元 皇清經解本
16. 《論語釋文校勘記》清 阮元 皇清經解本
17. 《論語述何》清 劉逢祿 皇清經解本
18. 《聖賢像贊》明 呂維琪(編) 光緖四年重刊 山東友誼書社 1989 濟南
19. 《論語譯注》楊伯峻 中華書局 1989 홍콩
20. 《新譯四書讀本》謝氷瑩, 劉正浩, 李鍌, 邱燮友 三民書局 1968 臺灣
21. 《孔子家語》魏 王蕭 中州古籍出版社 1991 鄭州
22. 《孔子家語》羊春秋 譯註 三民書局 1996 臺北
23. 《孔子集語》宋 薛據(輯) 百子全書本 岳麓書社 1994 長沙
24. 《孔子事跡圖・論語箴言印》石可 齊魯書社 1988 濟南

25. 《孔子思想體系》 蔡尙思 上海人民出版社 1982 上海

26. 《孔子七十二賢畫傳》 陳全勝(等) 山東友誼書社 1989 濟南

27. 《韓詩外傳》 四部備要本

28. 《詩經詮釋》 屈萬里 聯經出版事業公司 1972 臺北

29. 《孟子譯註》 楊伯峻 中華書局 香港分局 1988 홍콩

30. 《孔子弟子考》 淸 朱彝尊 廣文書局 印本 1973 臺北

31. 《孔子門人考》 淸 朱彝尊 廣文書局 印本 1973 臺北

32. 《孟子弟子考》 淸 朱彝尊 廣文書局 印本 1973 臺北

33. 《姓氏考略》 淸 陳廷煒 廣文書局 印本 1973 臺北

34. 《諡法考》 淸 沈蕙纕 廣文書局 印本 1973 臺北

35. 《經書(大學・論語・孟子・中庸)》 英祖 丁酉(1777) 內閣刊印本 成均館
大學校 大東文化硏究所 影印本 1965 서울

36. 《論語諺解》(陶山本) 大提閣 影印本 1972 서울

37. 《論語諺解》(陶山本) 漢陽大學校 國學硏究院 影印本 1974 서울

38. 《栗谷四書諺解》 成均館大學校 養賢齋 影印本 1974 서울

39. 《論語》(4冊) 儒敎經典諺譯叢書 儒敎經典講究所 大正 11년(1922) 서울

40. 《原本備旨論語集註》(上下) 世昌書館 1962 서울

41. 《論語集註》 金赫濟 校閱 明文堂 1978 서울

42. 《論語集註》 成百曉 傳統文化硏究會 1997 서울

43. 《論語》 韓相甲 三省出版社 1990 서울

44. 《論語》 金敬琢 光文出版社 1965 서울

45. 《論語》 朴一峰 育文社 1974 서울

46. 《論語譯註》 楊伯峻(譯註) 李章佑・朴鍾淵(韓譯) 中文出版社 1997 大邱

47. 《論語》 金都鍊 玄音社 1992 서울

48. 《孟子今註今譯》 史次耘 臺灣商務印書局 1984, 臺北

49. 《孟子正義》 新編諸子集成本 淸 焦循, 焦琥 撰

50. 《孟子正義》 淸 焦循 皇淸經解本

51. 《孟子注疏校勘記》 淸 阮元 皇淸經解本

52. 《孟子生卒年月考》 淸 閻若璩 皇淸經解本

53. 《原本備旨孟子集註》(上下) 新舊書林 大正11年 서울

54. 《孟子諺解》陶山書院 所藏本 大提閣影印本

55. 《孟子諺解》栗谷諺解 成均館大學校 養賢齋 影印本 1974 서울

56. 《大學今註今譯》宋天正 臺灣商務印書局 1984, 臺北

57. 《中庸今註今譯》宋天正 臺灣商務印書局 1984, 臺北

58. 《論語今讀》李澤厚 天地圖書有限公司 1999 홍콩 한글판 임옥균(옮김)
　　북로드 2006 서울

59. 于丹《論語》心得 于丹 中華書局 2006 北京 한글판 林東錫(옮김)
　　에버리치홀딩스 2006 서울

60. 《孔學通詮》李賽 自由出版社 1968 臺北

61. 《學庸章句義疏》李沛霖(疏) 宋兆珩(輯錄) 興豐印刷廠 1970 臺北

62. 《漢字古音手冊》郭錫良 北京大學出版社 1986 北京

63. 《反切釋要》殷煥先 齊魯書社 1979 齊南

64. 《中國學術概論》林東錫 傳統文化研究所 2002 서울

65. 《中國近三百年學術史》梁啓超 中華書局 1978 臺北

66. 《經學歷史》皮錫瑞 河洛圖書出版社 1974 臺北

67. 《經學通論》王靜芝 國立編譯館 1979 臺北

68. 《諸子考釋》梁啓超 中華書局 1976 臺北

69. 《諸子學概要》吳康 正中書局 1976 홍콩

70. 《先秦諸子學》嵇哲 洪氏出版社 1974 臺北

71. 《國學概要》程發軔 國立編譯館 1972 臺北

72. 《中國學術思想大綱》林尹 學生書局 1975 臺北

73. 《先秦七大哲學家》韋政通 牧童出版社 1978 臺北

74. 《論宋明理學》中國哲學史學會 浙江社會科學研究所 1983 杭州

75. 《十三經概論》蔣伯潛 中新書局 1977 臺北

76. 《十三經概論》蔣伯潛 中新書局 1977 臺北

77. 《漢書》藝文志

78. 《思辨錄》(국역) 朝鮮 朴世堂 民族文化推進會 1982 서울

79. 《新編諸子集成》世界書局 1978 대북

80. 《皇淸經解》(中編本) 淸, 阮元(編) 民國 王進祥(重編) 漢京文化社 1972
臺北
81. 《三才圖會》明, 王圻·王思義(篇集) 上海古籍出版社(印本) 1985 上海
82. 《廣韻》·《集韻》·《說文解字》·《釋名》·《康熙字典》·《中原音韻》·《朱子
大全》·《宋元學案》·《明儒學案》·《中國哲學百科大辭典》·《中國儒家大
辭典》·《漢語大詞典》·《中文大辭典》·《經學辭典》·《三禮辭典》·《十三經
索引》
83. 기타 공구서 및 史書類, 類書類, 十三經 일반 문헌 등은 생략함.

임동석(茁浦 林東錫)

慶北 榮州 上茁에서 출생. 忠北 丹陽 德尙골에서 성장. 丹陽初中 졸업. 京東高 서울 教大 國際大 建國大 대학원 졸업. 雨田 辛鎬烈 선생에게 漢學 배움. 臺灣 國立臺灣師 範大學 國文硏究所(大學院) 博士班 졸업. 中華民國 國家文學博士(1983). 建國大學校 教授. 文科大學長 역임. 成均館大 延世大 高麗大 外國語大 서울대 등 大學院 강의. 韓國中國言語學會 中國語文學硏究會 韓國中語中文學會 會長 역임. 저서에《朝鮮譯 學考》(中文)《中國學術槪論》《中韓對比語文論》. 편역서에《수레를 밀기 위해 내린 사람들》《栗谷先生詩文選》. 역서에《漢語音韻學講義》《廣開土王碑硏究》《東北民族 源流》《龍鳳文化源流》《論語心得》〈漢語雙聲疊韻硏究〉등 학술 논문 50여 편.

임동석중국사상100

대학 大學

朱熹 集註 / 林東錫 譯註

1판 1쇄 발행/2009년 12월 12일

2쇄 발행/2012년 8월 1일

발행인 고정일

발행처 동서문화사

창업 1956. 12. 12. 등록 16-3799

서울강남구신사동563-10 ☎546-0331~6 (FAX)545-0331

www.dongsuhbook.com

잘못 만들어진 책은 바꾸어 드립니다.

*

*

사업자등록번호 211-87-75330

ISBN 978-89-497-0552-1 04080

ISBN 978-89-497-0542-2 (세트)